BCM 어린이교회 설교집

말씀 만나

정현숙 편

사랑마루
SARANGMARU

BCM 어린이교회 설교집

말씀 만나

편   저 _ 정현숙

집   필 _ BCM 설교제작팀

        민희진, 박미영, 박미진, 박신덕, 이규준,

        이한나, 왕정욱, 정명희, 채진주, 최영정

펴 낸 날 _ 2014년 10월 30일

펴 낸 이 _ 김진호

편 집 인 _ 유윤종

책임편집 _ 강신덕

기획편집 _ 박지훈 강영아

디 자 인 _ 권미경 오인표

일러스트 _ 지영미 (인포처치)

마 케 팅 _ 강형규 전영욱

경영지원 _ 조미정 박주영 신문섭

펴 낸 곳 _ 도서출판 사랑마루

        서울시 강남구 테헤란로 64길 17(대치동) 7층

전   화 _ 02)3459-1051~2

팩   스 _ 02)3459-1070

홈페이지 _ www.eholynet.org, www.ibcm.kr

등   록 _ 2011년 1월 17일 제2011-000013호

I S B N _ 979-11-952714-7-4 93230

가   격 15,000원

BCM 어린이교회 설교집

말씀 만나

정현숙 편

사랑마루
SARANGMARU

BCM 어린이교회 설교집

「말씀 만나」 활용 가이드

1. 「말씀 만나」는 BCM 교육목회 사역이 더욱 은혜롭도록 돕기 위해 개발 출판된 어린이교회용 설교 자료집입니다.

2. 이 책은 BCM 어린이교회(유년, 초등부) 교역자 혹은 교사들이 예배 설교용으로 활용할 수 있도록 개발되었습니다.

3. 이 책은 한 해 동안의 설교일정 가운데 매월 두 편의 설교와 주요 절기 설교를 담았으며, 각 설교의 주제를 표기하여 활용도를 높였습니다.

4. 이 책은 각 설교편을 뜯어내어 강단에서 활용 가능한 설교안으로 만들었으며, 각 설교를 활용한 후 설교자가 자신만의 설교 바인더에 보관할 수 있도록 제작하였습니다.

5. BCM 교육목회는 한국교회 어린이 설교자들의 영적 소명과 자질과 능력을 함양하도록 하기 위해 주기적으로 'BCM 설교 세미나'를 개최할 예정입니다.

어린이교회 설교자는 다음의 안내를 따라 본 설교집을 활용할 수 있습니다.

1단계 도서출판 사랑마루가 제작, 시중에서 보급하는 「BCM 교사플래너」를 구입하여 BCM 어린이교회 교육목회 사역과 소그룹 반목회 사역을 충실하게 이해합니다.

2단계 특별히 「BCM 교사플래너」가 매월 기획 제공하는 'BCM 예배'의 절차와 방법을 따라 어린이교회 예배를 기획 실행합니다.

3단계 매달 제시되는 'BCM 예배' 가운데 두 주치는 'http://www.iBCM.kr'에서 제공하는 설교교안과 자료를 활용하여 그 달의 교육개념과 방향에 맞는 설교를 시행합니다.

4단계 위 3단계에서 활용하는 두 주치의 설교 외에 나머지 두 주의 설교는 본 설교집이 제공하는 설교안과 자료를 따라 설교를 시행합니다.

5단계 본 설교집의 설교안을 위한 PPT와 동영상 자료는 'http://bcm.infochurch.net/BCM설교-말씀만나'에서 다운로드하여 사용할 수 있습니다.

6단계 절취하여 사용한 설교안은 위 'BCM설교-말씀만나'에서 다운로드한 자료와 그리고 별도의 자료들과 더불어 개인 설교 바인더에 보관하시면 더욱 좋습니다.

7단계 수시로 'http://www.iBCM.kr'이나 'http://bcm.infochurch.net'에 방문, BCM 사역 및 설교 관련 세미나 개최여부를 확인하여 스스로의 설교 능력과 기술을 함양하는 기회를 갖습니다.

BCM 어린이교회 설교집

목 차 contents

하나님께 온전한 예배를 드려요

말씀 : 이사야 43장 21절

이 백성은 내가 나를 위하여 지었나니 나를 찬송하게 하려 함이니라

(하이든의 '천지창조' 음악을 잠깐 들려준 후, 이야기를 시작한다.) 1800년대 초 오스트리아의 한 공연장에서 '천지창조'라는 하이든의 곡이 연주되었어요. 많은 사람들이 웅장한 공연장 안으로 몰려들었고, 하이든도 관객석에 앉아 함께 연주를 듣고 있었어요. 아름다운 그의 곡이 공연장 안에 울려 퍼졌고, 연주가 끝나자 우레와 같은 박수가 터져 나왔어요. 그때, 지휘자가 뿌듯한 표정으로 하이든을 가리키며 말했어요.

"저분이 바로 이 곡을 만드신 분입니다!"

사람들은 하이든을 향해 더 크게 박수를 치며 환호했어요.

그러자 하이든이 일어서더니 위쪽을 가리키며 말했어요.

"아닙니다. 이 곡은 제가 만든 것이 아니라 하나님께서 만드신 것입니다. 하나님께서 이렇게 아름다운 음악을 만드셨습니다. 그러니 오직 하나님께만 영광을 돌리십시오!"

하이든은 '교향곡의 아버지'라고 불리는 최고의 음악가예요. 그런데도 그는 자신이 박수를 받는 대신 하나님께 영광 돌리기를 원했어요. 왜냐하면 그는 하나님께서 자신에게 음악적 재능을 주셨고, 하나님께서 아름다운 곡을 작곡할 수 있는 지혜를 주셨다고 믿었거든요. 이처럼 하이든은 자신의 음악을 통해 하나님께 영광 돌리는 삶을 살았어요.

하이든이 말한 것처럼, 실제로 이 세상을 창조하신 위대하신 분이 누구죠? (대답을 들은 후,) 네. 맞아요. 하나님께서 말씀으로 온 세상을 창조하시고, 저와 여러분을 만드셨어요. 그런데 성경에 보니까 하나님께서 우리를 만드신 특별한 이유가 있어요. 오늘 말씀을 다 함께 읽어볼까요? "이 백성은 내가 나를 위하여 지었나니 나를 찬송하게 하려 함이니라(이사야 43:21)." 그래요. 하나님께서 우리를 만드신 이유는 우리를 통해 하나님께서 찬양을 받으시고 영광 받으시기 위해서예요.

　그렇다면 하나님께 지음 받은 우리가 하나님을 찬양하고 영광 돌릴 수 있는 최고의 방법은 무엇일까요? 다 함께 큰소리로 따라해 볼까요? "예배!"(두 번 반복하기) 그래요. 바로 예배를 통해서 하나님을 찬양하고 하나님께 영광을 올려드릴 수 있어요. 예배는 누가 드리나요? 네. 하나님을 믿고 섬기는 하나님의 백성들이 드려요. 하나님께서는 지금도 항상 예배하는 자를 기뻐하시고, 예배하는 자를 찾고 계세요. 왜냐하면 하나님은 우리가 드리는 예배를 통해 찬양과 영광을 받으시고, 우리와 만나기를 원하시기 때문이에요. 또한 예배를 통해 우리가 하나님의 자녀인 것에 감사하며 은혜를 받기를 원하시기 때문이에요.

　여러분은 하나님이 기뻐하시는 온전한 예배를 드리고 있나요? 혹시 하나님이 기뻐하시는 예배가 무엇인지 모르고 있지는 않나요? 아니면 예배 시간에 집중하지 못하고 멍~하게 있거나 다른 생각을 하는 친구는 없나요? 또는 엄마가 가라고 하니까 억지로 와서 앉아 있기는 한데 찬양도 안 하고, 말씀 시간에도 꼼지락 꼼지락 딴 짓 하면서 시간을 때우고 있지는 않은가요? 어떤 친구들은 "얌전히, 집중해서 드리는 예배는 자신 없어요!"라고 말할 지도 모르겠어요. 하지만 우리는 누구나 내가 좋아하고 존경하는 사람 앞에서는 최고로 잘 보이고 싶어 하고, 최고로 잘해 주려고 노력하잖아요. 우리에게 진심으로 하나님을 사랑하는 마음이 있다면, 진심으로 하나님께 예배드리는 것도 결코 어려운 일이 아니에요. 예배는 공부 잘하는 것보다, 컴퓨터 게임하고 놀러 가는 것보다, 예쁘게 꾸미고 치장하는 것보다 더 소중하고 중요해요. 하나님은 예배를 받으시기 위해 우리를 창조하셨어요. 하나님은 우리가 드리는 예배를 통해 영광 받으시기를 원하세요. 그렇기 때문에 우리는 하나님이 찾으시는 예배자, 하나님이 기뻐하시는 예배를 드리는 참된 예배자가 되어야 해요.

　그렇다면 우리는 하나님께 어떻게 예배해야 할까요? 하나님께 예배드릴 때, 우리는 언제나 함께하시는 하나님께 감사하는 마음으로 예배드려야 해요. 또한 바른 자세로 온 마음과 정성을 다해서 하나님을 찬양해야 해요. 예배를 통해 하나님을 만나고, 은혜를 경험하게 해 달라고 기도해야 해요. 딴 생각 하거나 딴 짓 하지 않고, 하나님이 나에게 무슨 말씀을 하시는지 집중하면서 예배드려야 해요. 그것이 우리를 지으신 하나님을 찬양하고 영광을 올려 드릴 수 있는 최고의 방법이고, 하나님께서 우리에게 가장 원하시고 기뻐하시는 참된 예배자의 모습이에요.

　사랑하는 여러분, 자신의 재능으로 하나님을 찬양하고 하나님께 영광 돌렸던 하이든처럼 여러분도 하나님이 기뻐하시는 예배를 통해 하나님을 찬양하고 영광 돌리는 예배자가 되기를 바라요. 또한 예배를 통해 하나님을 만나고, 은혜를 경험하면서 하나님을 향한 믿음과 사랑이 쑥쑥 자라나기를 기도합니다. 그런 우리의 마음을 모아 '나는 예배자입니다'라는 찬양을 함께 부른 후에 기도하겠어요.

결단의 기도

　하나님 아버지, 말씀으로 온 세상을 지으시고 또 우리들을 지으신 창조주 하나님을 찬양합니다. 또한 하나님께 지음 받은 우리가 예배를 통해 찬양과 영광을 올려 드릴 수 있기를 원합니다. 우리 모두 참된 예배자가 되어 하나님께서 기뻐하시는 거룩한 예배를 드릴 수 있게 도와주세요. 그리고 언제 어디서나 하나님을 찬양하고 예배하며 하나님께 영광 돌리는 삶을 살게 해 주세요. 예수님의 이름으로 기도 드립니다. 아멘.

● 참고말씀: 요한복음 4장 23~24절
● 준비물: 음악 파일, 하이든의 '천지창조'

MEMO

변함없는 하나님의 사랑을 믿어요

말씀 : 요한복음 3장 16절

하나님이 세상을 이처럼 사랑하사 독생자를 주셨으니
이는 그를 믿는 자마다 멸망하지 않고 영생을 얻게 하려 하심이라

태어날 때부터 움직일 수도, 말을 할 수도 없는 병에 걸린 릭 호잇(Rick Hoyt)이라는 사람이 있었어요. 의사 선생님은

"어차피 살아도 숨만 쉴 뿐 아무것도 할 수 없으니, 아들을 포기하세요."

라고 아버지 딕 호잇(Dick Hoyt)에게 이야기했어요. 그러나 릭의 아버지는 아들을 포기할 수가 없었어요. 그래서 의사 선생님의 말대로 하지 않고, 정성을 다해 아들을 키우기 시작했어요. 다행히도 표정으로 의사전달을 할 수 있게 해 주는 컴퓨터가 개발되어 아들 릭은 아버지와 대화를 할 수 있게 되었지요. 그러던 어느 날, 아들 릭이 아버지에게 컴퓨터로 말 했어요.

"아버지! 나 달리고 싶어요."

그때부터 아버지는 아들 릭을 휠체어에 태워 달리기 시작했어요. 아버지는 전에는 가끔씩 아침조깅을 하는 것 외엔 단 한 번도 먼 거리를 달린 적이 없었어요. 하지만 사랑하는 아들이 원했기 때문에 아들과 함께 달리기 경주가 있을 때마다 경기에 다 참여했어요. 15세 때, 경주에서 돌아온 아들이 아버지에게 이렇게 고백했대요.

"아버지, 뛰는 순간만큼은 제가 장애가 있다는 것이 느껴지지 않아요."

사람들은 아들을 위해 그렇게까지 해야 하냐고 말하기도 했어요. 그러나 아버지는 이후에도 아들과 함께 어마어마한 거리의 마라톤 대회도 나가고, 그 어렵다는 철인 3종(달리기, 수영, 자전거) 경기도 멋지게 완주해 냈어요. 아버지는 아들을 사랑하는 마음으로 변함없이 이 모든 것을 해냈고, 지금도 아들과 함께 멋진 꿈을 이루어가며 살아가고 있다고 해요.

이 아버지의 사랑이 놀랍지 않나요? 그런데 더욱 놀라운 아버지의 사랑 이야기가 성경 본문에 나옵니다. 함께 읽어볼까요? "하나님이 세상을 이처럼 사랑하사 독생자를 주셨으니 이는 그를 믿는 자마다 멸망하지 않고 영생을 얻게 하려 하심이라(요한복음 3:16)." 릭의 아버지가 보여준 변함없는 사랑, 포기하지 않는 사랑이 바로 하나님의 사랑이에요. 하나님은 예수님의 십자가를 통해 그 사랑을 보여주셨어요. 하나님은 우리를 정말 사랑하셔서 하나밖에 없는 외아들 예수님을 이 세상에 보내셨어요. 그리고 모든 사람의 죄를 대신해서 십자가에 달려 죽게 하심으로 죄의 값을 대신 치르게 하셨어요. 예수님 또한 우리를 참으로 사랑하셔서 기꺼이 당신의 생명을 우리를 위해 내어 주셨어요. 그리고 십자가 위에서 죽어가는 마지막 순간까지도 우리를 향한 그 사랑은 변하지 않았어요.

그런데 우리는 어떤가요? 우리의 사랑은 때때로 변하기도 하고, 사랑을 포기하기도 해요. 우리는 우리를 변함없이 사랑해 주시는 하나님의 사랑을 잘 깨닫지 못해요. 그래서 때때로 하나님께 불평도 하고, 하나님을 멀리 하거나, 말씀대로 살지 않고 내 맘대로 살기도 해요.

"하나님, 저는 왜 이렇게 키가 작아요?"

"저는 왜 이렇게 못생겼어요?"

"하나님, 정말 저를 사랑하시는 거 맞아요?"

"하나님, 왜 저는 주일마다 친구들하고 놀지 못하고 교회에 와야 하죠?"

"하나님, 자꾸 잔소리하지 마세요. 그냥 내가 하고 싶은 대로 하면서 살래요."

여러분, 우리가 아무리 인정하지 않으려고 해도 하나님이 여러분을 사랑하신다는 사실은 변하지 않아요. 다만 우리가 그 하나님의 사랑을 잊어버리거나 깨닫지 못하거나 받아들이지 못할 뿐이에요. 우리는 언제나 변함없이 우리를 사랑하시는 하나님의 사랑을 믿어야 해요. 어떤 죄인도 포기하지 않으시는 하나님의 사랑을 깨달아야 해요. 하나님의 사랑을 믿지 않는 사람은 하나님의 사랑을 깨닫지도, 받아들일 수도 없지만 그 하나님의 사랑을 믿는 사람은 하나님이 주시는 더 큰 은혜와 축복을 누리며 살 수 있어요. 아들 릭이 아버지를 믿고 따랐을 때 혼자서는 할 수 없는 엄청난 일들을 해낼 수 있었던 것처럼 말이에요.

사랑하는 여러분, 하나님은 성경을 통해 끊임없이 여러분에게 사랑한다고 말씀하고 계세요. 이제 우리도 변함없이 우리를 사랑해 주시는 하나님께 사랑한다고 고백해 보면 좋겠어요. 다 함께 고백해 볼까요?

　"하나님, 감사해요. 사랑해요."

　"예수님, 감사해요. 사랑해요."

　그래요. 이렇게 매일매일 생각날 때마다 하나님께 사랑한다고 고백하는 친구들이 되었으면 좋겠어요. 우리가 하나님께 사랑한다고 고백할 때마다 우리를 향하신 하나님의 변함없는 사랑을 더 많이 느끼고 깨닫게 될 거예요. 그리고 또 한 가지, 하나님이 우리를 사랑하시는 것처럼 우리도 서로 사랑하며 지냈으면 좋겠어요. 여러분 모두 매일매일 여러분을 향하신 하나님의 사랑에 감사하고, 사랑을 고백하면서 지내고, 또 옆에 있는 친구들과도 서로 사랑하며 기쁨으로 살아가는 친구들이 되기를 바랍니다.

결단의 기도

　사랑의 하나님, 언제나 변함없이 우리를 사랑해 주시고, 우리를 구원하시기 위해 예수님을 보내주셔서 감사드려요. 또한 생명을 내어 주시면서까지 우리를 사랑해주신 예수님, 감사드려요. 언제나 변함없는 하나님의 사랑에 감사하며 우리도 변함없이 하나님을 사랑하게 해 주세요. 또한 친구와 이웃과도 서로 사랑하며 기쁨으로 살아가게 도와주세요. 예수님의 이름으로 기도 드립니다. 아멘.

MEMO

예수님을 더 많이 알아가요!

말씀 : 베드로후서 3장 18절

오직 우리 주 곧 구주 예수 그리스도의 은혜와 그를 아는 지식에서 자라 가라
영광이 이제와 영원한 날까지 그에게 있을지어다

어려서부터 무척 똑똑했고, 성경을 많이 배운 사람이 있었어요. 그는 자기 자신을 이렇게 소개했어요.

"나는 팔일 만에 할례를 받은 사람입니다. 이스라엘 족속이요, 베냐민 지파요, 히브리인 중의 히브리인입니다(빌 3:5~6)."

누구일까요? 그는 바로 사울이라고도 불리는 바울이에요. 바울은 로마식 이름이고, 사울은 유대식 이름이지요. 그가 유대인의 전통에 따라 할례를 받았고 베냐민 지파에 속한 히브리인이라는 것은 그가 이스라엘의 아주 전통 있는 집안에서 태어나고 자랐다는 뜻이에요. 다시 말해서 '나 뼈대 있는 훌륭한 집안사람이야.'라는 뜻이죠. 이런 집안의 사람들은 태어나서 3살까지는 가정에서 부모님께 이야기로 구약성경을 배우고, 5살부터는 히브리어를 배우고 성경공부도 하기 시작한대요. 대단하지요? 뿐만 아니라 바울은 15살 때부터 예루살렘의 가말리엘이라는 유명한 스승에게 본격적으로 율법 교육을 받아서 율법박사 바리새인이 되었대요. 바리새인은 철저하게 율법을 공부하고 그것을 지키며 살아가는 사람들이죠. 그래서 그는 구약성경에 나오는 율법과 하나님에 대해서 그 누구보다 자신이 잘 알고 있다고 자부했어요. 뿐만 아니라 그는 유대인이었음에도 당시 이스라엘을 지배했던 로마의 시민권을 가진 힘 있는 사람이었어요. 그래서 아무도 그를 함부로 대하거나 무시할 수 없었지요.

그런데 바울은 그렇게 훌륭한 혈통과 권력, 그리고 율법지식을 가지고 있었어도 예수님에 대해서는 잘 알지 못했어요. 그래서 "저런 하찮은 사람이 하나님의 아들이라니! 하나님을 모욕하는 사기꾼이야." 하고 예수님을 믿는 사람들을 잡아 감옥에 가두거나 죽이는 일에 앞장섰어요. 율법과 하나님을 안다고 자신만만하던 바울이었지만 그는 하나님을 진실로 알지 못하고 예수님을 믿지 못했어요. 그랬던 그가 어느 날, '다메섹'이라는 곳에서 예수님을 만난 후, 예수님을 믿게 되었어요. 그리고 자신의 잘못을 회개하고 완전히 다른 사람이 되었어요. 예수님을 핍박하는 사람에서 예수님을 믿고 전하는 사람으로 변화된 거예요. 예수님을 믿고, 예수님에 대해 알게 되니까 그동안 자신이 얼마나 어리석었는지, 정말 중요한 것이 무엇인지 깨닫게 되었어요. 그래서 바울은 사람들에게 이렇게 말했어요.

"저는 누구보다 율법에 대해 많이 배웠고, 제가 가진 지식과 권력이 유익하다고 생각했어요. 하지만 이제는 그 모든 것들을 똥처럼 여기고 버렸습니다. 왜냐하면 그것보다 더 중요한 것이 바로 예수님을 믿고, 예수님을 알아가는 것이라는 사실을 깨달았기 때문입니다."

이렇게 예수님을 믿고 진정한 그리스도인으로 거듭난 바울은 평생 동안 예수님을 알고 그분을 닮아가려고 노력했어요. 그리고 많은 곳을 돌아다니며 자신이 아는 예수님을 전하는 복음전도자가 되었답니다.

여러분, 우리가 예수님을 알아가는 것이 왜 중요할까요? 새해가 되었으니 여러분 모두 나이도 한 살씩 더 먹고, 몸도 마음도 자랄 거예요. 또 학년도 올라가서 배우고 아는 것도 많아질 거예요. 하지만 그것보다 더 중요한 것이 바로 예수님에 대해 알아가는 거예요. 그런데 어떤 친구는 이렇게 말할 지도 몰라요.

"저는 아직 예수님이 어떤 분이신지 잘 모르겠어요."

"저는 어렸을 때부터 교회에 다녀서 예수님에 대해서 많이 들었어요."

예수님을 알아간다는 것은 단지 머리로만 예수님에 대해 아는 것을 뜻하는 것이 아니에요. 예수님을 믿지 않는 사람들도 머리로는 예수님에 대해 알아요. 하지만 그 사람들은 예수님을 믿으려고도, 닮아가려고도 하지 않아요. 예수님을 믿기 전의 바울처럼 말이에요. 예수님을 믿는 우리들에게 있어서 예수님을 알아가는 것은 다른 무엇보다 소중해요. 왜냐하면 예수님을 알아갈수록 예수님에 대한 믿음이 자라게 되고, 예수님을 닮아갈 수 있게 되니까요.

"예수님, 새해에는 예수님을 더 알아가고 더 많이 닮고 싶어요."

전도사님은 여러분이 이런 소망의 마음을 품고 올해를 보냈으면 좋겠어요. 하나님도 여러분이 예수님을 더 많이 알아가고, 더 많이 닮아가기를 원하세요. 그러려면 어떻게 해야 할까요? 우선 예배를 빠지지 않고 잘 드려야 해요. 예배를 통해서 예수님을 만나고 그래야 우리의 믿음이 자랄 수 있으니까요. 또한 성경을 읽고 배우는 일에 힘써야 해요. 성경을 통해 예수님이 어떻게 사셨는지, 그리고 무슨 말씀을 하셨는지 배우고 알 수 있으니까요. 마지막으로 예수님을 더 알아가려면 성경에 나오는 예수님 말씀대로 살아가도록 노력해야 해요. 말씀대로 실천해야 예수님을 닮아갈 수 있으니까요. 올 한 해가 예수님을 알아가는 일에 힘쓰는 한 해가 되기를 바랄게요. 그래서 단지 머리로만 예수님을 아는 것이 아니라, 바울처럼 예수님을 만나고 깨달아 믿음이 쑥쑥 자라고 예수님을 닮아가는 친구들이 되기를 바랍니다.

결단의 기도

하나님, 세상의 그 어떤 지식이나 명예보다 예수님을 알아가는 것이 가장 귀하고 소중하다는 것을 깨닫게 해 주셔서 감사드려요. 우리의 몸과 마음이 자라듯 우리의 믿음도 자라고, 예수님을 더 많이 알아가기를 원합니다. 또한 단지 머리로만 예수님을 아는 것이 아니라 마음으로 믿고, 예수님의 말씀을 듣고 배움으로 예수님을 더 많이 닮아갈 수 있도록 도와주세요. 예수님의 이름으로 기도합니다. 아멘.

● 참고말씀: 빌립보서 3장 1~16절

MEMO

쉬지 말고 기도해요

말씀 : 데살로니가전서 5장 17절

쉬지 말고 기도하라

(사진을 보여 주면서) 이 사진 속의 주인공은 인도에서 하나님의 말씀을 전하며 살아가신 '윌리엄 캐리' 선교사님이에요. 여러분은 교회를 다니다가, 혹은 복음을 전하다가 잡혀가거나 위험한 일을 겪은 적이 있나요? (대답을 들은 후) 네. 그렇죠. 하지만 하나님을 믿지 않는 나라나 다른 종교를 섬기는 나라에서는 교회를 다니는 게 쉽지 않은 일이에요. 심지어 예수님을 믿고 복음을 전하는 것이 목숨을 걸어야 할 만큼 위험하기도 하답니다. 윌리엄 캐리 선교사님은 인도에서 선교사로 하나님의 일을 하시면서 총 세 번의 죽을 뻔한 위기가 있었어요. 그 정도로 위험하고 어렵게 하나님의 말씀을 전하는 삶을 사셨답니다. 그런데 어느 날, 미얀마에서 말씀을 전하는 '아도니람' 선교사님이 윌리엄 캐리 선교사님께 이렇게 물어봤어요.

"윌리엄 캐리! 당신은 이렇게 힘들고 어려운 상황 속에서 어떻게 힘을 내서 하나님의 일을 하나요?"

윌리엄 캐리 선교사님은 빙그레 웃으시고는 아도니람 선교사님을 정원으로 데려갔어요. 그리고 그곳의 어느 한 자리를 가리키며 이렇게 대답했어요.

"이곳이 무슨 자리인줄 아십니까? 이곳은 바로 내가 매일 하나님께 기도하고 말씀을 묵상하는 자리입니다. 나는 매일 새벽 5시가 되면 이 자리에 와서 하나님께 기도합니다. 그리고 하나님이 지으신 저 꽃들을 바라보며 하나님의 말씀을 묵상하지요. 나는 6시 경에 들어가서 아침을 먹고 하루 일과를 시작합니다. 또 하루의 일과가 끝나고 저녁을 먹고 나면 손에 성경을 들고 다시 이 자리로 옵니다. 이 기도의 자리가 없었다면, 나는 계속해서 닥쳐온 고난을 이겨내지 못했을 것입니다."

이렇게 윌리엄 캐리 선교사님은 힘든 선교사 생활 중에도 늘 하나님께 기도했어요. 또한 죽음의 공포와 두려움이 몰려올 때에도 늘 기도의 자리를 지키며 힘을 냈어요. 선교사님은 이러한 '기도의 시간'과 '기도의 자리'를 지킴으로써 온갖 어려움을 이겨내고 끝까지 하나님의 말씀을 전하는 선교사로 살아갈 수 있었답니다.

사랑하는 여러분! 여러분은 언제 하나님께 기도하나요? 주일날 교회에 와서 기도하는 것 말고 평상시에 기도하는 시간이 있나요? (아이들과 기도의 경험을 나눈다.)
"저는 매일 밥 먹을 때 기도하고 밥 먹어요."
"저는 매일 자기 전에 기도해요."
"저는 아프거나 힘든 일이 있을 때 기도해요."
"저는 하나님께 말하고 싶은 소원이 있을 때 기도해요."
그래요. 우리가 매일매일 사람들과 이야기하고 전화 하는 것처럼, 기도는 하나님과 이야기하는 거예요. 그런데 어떤 친구들은 주일 예배시간 말고는 기도를 잊고 지낸대요. 또 어떤 친구들은 교회에서만 기도하고, 학교나 다른 사람들이 있는 곳에서는 부끄러워서 기도하지 않는대요.
그럼 성경에서는 뭐라고 말씀하실까요? 다 함께 데살로니가전서 5장 17절을 읽어보겠어요. "쉬지 말고 기도하라." 이 말씀은 주일 예배 때에만 기도하지 말고, 가끔 가다가 생각날 때만 기도하지 말고, 매일매일 항상 기도하라는 뜻이에요. 또 교회에서만 기도하지 말고, 집에서도, 학교에서도, 학원에서도, 길을 가다가도 언제 어디서나 기도하라는 뜻이에요. 그렇게 매일매일 기도하면서 하나님의 뜻을 구하고 소원을 이야기하면, 예수님께서 우리의 믿음을 지켜주시고 마음의 소원을 들어주신대요. 예수님도 많은 사람들을 만나고 복음을 전하시면서도 잊지 않고 매일매일 밤마다 새벽마다 하나님께 기도하셨어요.

그렇다면, 어떻게 해야 우리도 쉬지 않고 매일매일 기도할 수 있을까요? '윌리엄 캐리 선교사님'은 집에 있는 정원의 작은 공간을 '기도의 자리'로 삼고, 매일 그 자리에서 기도했어요. 여러분도 나만의 기도시간, 나만의 기도의 자리를 만들었으면 좋겠어요. 꼭 교회만이 기도의 자리는 아니에요. 어느 곳이든 여러분의 기도의 자리가 될 수 있어요. 여러분의 집에 있는 책상, 침대, 소파도 '기도의 자리'가 될 수 있어요. 그곳에서 아침이든 저녁이든 잠

자기 전이든 매일매일 하나님께 기도할 수 있어요.

　윌리엄 캐리 선교사님이 매일 기도의 시간을 정하고 기도의 자리를 지켰던 것처럼, 여러분도 "나는 매일매일 ＿＿＿＿＿ 시간에, ＿＿＿＿＿ 에서 하나님께 기도하겠어요." 이렇게 다짐하고, '나만의 기도의 시간'과 '나만의 기도의 자리'를 정해서 열심히 기도하는 어린이가 되길 바랍니다.

결단의 기도

　살아계신 하나님! 우리가 매일매일 밥 먹고 매일매일 다른 사람과 이야기하는 것처럼, 기도를 통해 하나님과 이야기하는 시간을 갖기를 원합니다. 윌리엄 캐리 선교사님이 매일 기도의 시간을 정하고, 기도의 자리를 지켰던 것처럼 우리도 매일매일 정해진 시간에, 정해진 기도의 자리에서 집중하여 기도할 수 있게 도와주세요. 예수님의 이름으로 기도 드립니다. 아멘.

● 참고말씀: 빌립보서 4장 6~7절

MEMO

화해 친구가 되어요

말씀 : 로마서 5장 10~11절

곧 우리가 원수 되었을 때에 그의 아들의 죽으심으로 말미암아 하나님과
화목하게 되었은즉 화목하게 된 자로서는 더욱 그의 살아나심으로 말미암아
구원을 받을 것이니라. 그뿐 아니라 이제 우리로 화목하게 하신 우리 주
예수 그리스도로 말미암아 하나님 안에서 또한 즐거워하느니라

저 멀리 남태평양 뉴기니아 섬에 '사위'라는 원시 부족이 살고 있었어요. 원래 사위부족
은 거짓말을 잘하고 친구를 배반하는 것이 제일 멋진 일이라고 생각하는 부족이었어요. 그
들은 다른 부족 사람들에게 친절하게 먹을 것을 주고 친구인 척 대해 주다가, 나중에 그 사
람을 잡아먹는 아주 잔인한 식인부족이었죠. 이런 사위부족에게 리처드슨이라는 선교사님
이 복음을 전하러 가게 되었어요. 선교사님은 그들이 필요로 하는 약과 농기구를 가져다주
며 그들에게 다가갔어요. 하지만 계속해서 거짓말만 하고 배반하는 그들에게 복음을 전하
는 게 너무 어려웠어요. 그러던 어느 날, 두 부족이 싸우고는 싸움에 진 부족의 추장이 이
긴 부족에게 자기 아들을 넘겨주는 것을 보았어요. 이긴 부족에게 넘겨진 아이가 상대방
추장의 아이가 되어 그 마을에 살게 되고, 그 아이가 살아 있는 동안은 두 마을이 싸우지 않
기로 약속하는 거예요. 그들은 그 아이를 '화해의 아이'라고 불렀어요. 선교사님은 이 모습
을 보고, 하나님이 우리에게 주신 하나님의 아들 예수님이 생각났어요. 그래서 부족 사람
들에게 이렇게 가르쳐 주었어요.

"여러분, 하나님께서 세상을 사랑하셔서 우리에게 화해의 아이를 주셨습니다. 아이가 제
물로 바쳐짐으로써 평화가 이루어지는 것처럼 그 화해의 아들을 믿는 자마다 죄를 용서받
고 영생을 얻을 수 있습니다."

선교사님이 이 땅에 오셔서 우리 대신 피 흘려 죽으신 예수 그리스도 이야기를 하자 족장
이 "당신 말을 듣는 순간, 내 속에 감동이 일어났습니다. 하나님이 보내주신 화해의 아이를
받아들이고 싶습니다."라고 고백했어요. 그 후 사위부족은 예수님을 믿게 되었고, 싸움을

즐기고 공격적이던 그들의 모습이 변하기 시작했답니다. 이제 그들은 배신하고 사람을 죽이던 행동을 멈추고 이웃과 평화롭게 사는 화해의 부족이 되었어요.

여러분 중에도 친구의 이야기를 잘 들어주고, 친구를 배려해주는 친구가 있지요. 늘 예쁜 말과 행동으로 친구들과 사이좋게 지내고, 친구들끼리 다툴 때 서로 화해하도록 도와주기도 하구요. 전도사님은 그 친구를 '화해 친구'라고 부르고 싶어요. 이 친구들이 있는 곳에서는 싸우는 소리보다 웃음소리를 더 많이 들을 수 있어요. 그런데 반대로 화해가 아닌 다툼을 일으키는 친구도 있어요. 앞에서는 친한 척하다가 뒤에서는 험담을 하는 친구, 버럭버럭 화를 내거나 나쁜 말과 행동으로 다른 친구들의 마음을 아프게 하는 친구. 이런 친구가 있는 곳에서는 화내는 소리, 싸우는 소리가 자주 들려요. 이런 친구들을 뭐라고 부를까요? (대답을 들은 후) 네. '다툼 친구'라고 부르겠어요. 여러분은 둘 중에 어떤 친구가 더 좋아요? (대답을 들은 후) 네. 당연히 다툼 친구보다는 화해 친구가 더 좋지요. 그렇다면 여러분은 화해 친구인가요, 다툼 친구인가요?

하나님이 우리에게 보내주신 최고의 화해 친구는 바로 예수님이세요. 예수님은 죄 때문에 멀어진 우리와 하나님을 화해시키기 위해서 십자가에서 죽으셨어요. 사위부족은 '화해의 아이'가 언젠가 늙어서 죽게 되면, 다시 전쟁을 하게 될 수 있어요. 하지만 하나님이 보내주신 '화해의 아이' 예수님은 영원히 죽지 않고 살아 계세요. 그래서 누구든지 예수님을 믿기만 하면 죄를 용서받고 하나님과도 화해하고, 사람들과도 평화롭게 살 수 있게 된답니다. 예수님을 믿고 예수님의 사랑을 받는 여러분은 미움과 싸움을 일으키는 다툼 친구가 아니라 예수님을 닮은 화해 친구가 되어야 해요.

하나님은 여러분이 예수님을 닮은 '화해 친구'가 되기를 원하세요. 화해 친구가 되는 것이 쉬운 일은 아닐 거예요. 나의 말과 행동을 앞세우기보다 친구들의 말을 들어주고, 다른 친구들을 배려하는 노력이 필요해요. 때로는 내 것을 양보하고 내가 먼저 미안하다고 말해야 해요. 그래서 내가 손해 보거나 내가 희생해야 할 때도 있을 거예요. 하지만 우리를 위해서 목숨까지 희생하신 예수님을 생각하면서 노력한다면, 예수님께서 우리가 사이좋게, 또 화목하게 지낼 수 있도록 도와주실 거예요. 최고의 화해 친구이신 예수님처럼 여러분 모두 미움과 다툼 대신 사랑과 평화를 이끌어내는 화해 친구가 되기를 바랍니다.

결단의 기도

우리를 사랑하시는 하나님, 우리에게 최고의 화해 친구인 예수님을 보내주셔서 감사드려요. 예수님께서 죄 때문에 멀어진 우리와 하나님 사이를 화목하게 해 주심으로 우리를 구원받은 하나님의 자녀가 되게 해주셨어요. 우리도 예수님처럼 가정과 학교와 학원에서 평화와 화해를 이루어가게 해주세요. 예수님의 이름으로 기도 드립니다. 아멘.

● 참고말씀: 에베소서 5장 1~2절

MEMO

용서로 화해를 이루어요

말씀 : 로마서 12장 18절

할 수 있거든 너희로서는 모든 사람과 더불어 화목하라

이곳은 애굽 나라 총리의 집안, 허름한 옷차림을 한 여러 명의 남자들이 총리 앞에 엎드려 두려움에 떨고 있어요. 도대체 이 사람들에게 무슨 일이 있는 걸까요?

"너희가 어찌하여 선을 악으로 갚느냐? 난 너희에게 곡식을 베풀었는데 왜 너희는 내가 아끼는 은잔을 훔쳐갔느냐?"

"억울합니다. 저희도 왜 그 은잔이 곡식자루에 들어가 있는지 모르겠습니다."

"이 은잔이 누구의 곡식자루에 들어있었느냐?"

"저희들의 막내인 베…베냐민입니다."

"그렇다면 은잔을 훔친 그 아이는 내 종이 될 것이다. 나머지는 집으로 돌아가도 좋다."

"아, 안됩니다! 이 아이를 남겨두고 저희가 어떻게 돌아갈 수 있겠습니까? 늙으신 아버지께서 예전에도 이 아이의 형을 잃고 무척 슬퍼하셨는데, 이 아이까지 잃게 할 수는 없습니다. 대신 저를 종으로 삼으시고 이 아이를 놓아주십시오."

그들의 말을 듣고 있던 총리가 더 이상 참지 못하고 벌떡 일어섰어요. 그리고는 곁에 있던 종들에게 모두 물러가라고 명령했어요. 종들이 모두 물러가고 야곱의 아들들만 그의 곁에 남았어요. 잠시 침묵이 흐른 뒤, 고개를 숙이고 엎드려있던 이들에게 충격적인 소리가 들려왔어요.

"형님들, 절 좀 보세요. 저 요셉입니다. 고개를 들어보세요. 제가 바로 형들이 노예로 판 요셉이에요. 아버지는 아직 살아 계신가요?"

죽은 줄 알았던 요셉이 살아있다니…. 형들은 믿을 수가 없었어요. 그래요. 오래 전 형들은 열두 아들 중 늘 아버지의 사랑을 독차지했던 요셉을 질투하고 미워했어요. 그래서 아버지 몰래 이스마엘 상인들에게 요셉을 팔아버렸지요. 형들에게 버림받은 요셉은 애굽 나라의 보디발 장군에게 팔려 넘겨졌고, 낯선 외국 땅에서 노예로 살게 되었어요. 그 후 요셉은 억울한 누명을 쓰고 감옥에 갇히기도 했지요. 하지만 그는 결국 하나님의 인도하심으로 애굽을 통치하는 총리가 되었어요.

얼마의 시간이 흘렀을까요? 애굽과 이스라엘에 큰 흉년이 들었어요. 하지만 이를 예견한 요셉이 흉년에 대비해 창고에 많은 곡식을 모아두어서 걱정이 없었어요. 이 소식을 듣고 곡식을 얻으러 많은 사람들이 요셉을 찾아왔고, 결국 형들과도 만나게 된 거예요. 요셉이 애굽의 총리가 된 것을 꿈에도 모른 채 애굽에 곡식을 얻으러 온 형들은 당연히 요셉을 알아보지 못했어요. 하지만 요셉은 형들을 단번에 알아보았지요. 자신을 질투하고 미워했던 형들, 자기를 노예로 팔아넘긴 형들에게 복수할 기회가 온 거예요. '이제 우리는 죽었구나. 요셉이 우리를 가만두지 않을 거야.' 형들은 두려움에 떨었어요. 하지만 요셉의 마음속에는 이미 형들에 대한 미움이 사라지고 없었어요.

"형님들이 나를 이곳에 팔았지만 걱정하지 마세요. 하나님께서 생명을 구원하시려고 나를 형들보다 먼저 이곳으로 보내신 거예요. 자, 이리 가까이 오세요."

요셉은 진심으로 형들을 용서했어요. 요셉과 형들은 서로를 끌어안고 실컷 울었어요. 오랫동안 헤어졌던 요셉과 형들은 이렇게 다시 만나 화해했어요. 요셉에게 용서 받은 형들도 진심으로 잘못을 뉘우쳤고, 가족이 다시 만나 모두 함께 평화롭게 살게 되었답니다.

여러분, 여러분도 혹시 형제(언니, 오빠, 동생)를 질투해서 형제와 자주 다투나요? 혹시 나에게 못되게 굴어서 미워하거나 싫어하는 사람이 있나요? 그래서 자꾸 화가 나고 더 미워하게 되지는 않나요? 예수님께서는 서로 미워하거나 다투지 말고, 화해하고 용서하라고 하시는데 생각처럼 그게 잘 안 되서 마음이 불편한가요? 그렇다면 오늘 요셉을 보세요. 요셉은 자기를 미워해서 죽이려고까지 한 형들을 미워하지 않고, 용서함으로 먼저 화해를 이루었어요. 예수님처럼 말이에요. 예수님도 십자가에 달린 자기를 조롱하고 죽이라고 소리치는 사람들을 미워하지 않으시고 끝까지 참으셨어요. 오히려 그들의 죄를 용서해 달라고 기도하셨어요. 이것이 바로 용서로 화해를 이루고 평화를 만들어가는 그리스도인의 모습이랍니다. 예수님께서 말씀하세요. 예수님을 믿는 우리도 그렇게 해야 한다고 말씀하세요. 여러분은 가족, 친구들, 그리고 학교, 학원, 교회에서 만나는 모든 사람들과 더불어 평화를 만들어가는 어린이가 되어야 해요.

　요셉처럼 자기를 미워하고, 자기를 힘들게 한 사람을 용서하는 게 쉬운 일은 아니죠. 그래서 우리에게 기도가 필요하답니다. 누군가의 잘못 때문에 다툼이 일어나고 평화가 깨어져서 화해를 해야 할 때, 또 우리가 다른 사람을 이해하고 용서해야 할 때, 우리 스스로 그렇게 하기 어렵기 때문에 예수님께 기도해야 해요. "예수님, ○○(이)와 싸우고 싶지 않아요. ○○(이)를 미워하고 싶지 않아요. ○○(이)와 화해하고 싶어요. ○○(이)를 이해하고 용서하고 싶어요. 예수님 도와주세요."라고 말이에요. 우리는 계속해서 기도하며 용서로 화해를 이루는 연습을 해야 해요. 그래야 나의 가족, 나의 친구들, 그밖의 모든 사람들과 더불어 평화롭게 살아갈 수 있어요. 여러분 모두 요셉처럼, 예수님처럼 미움과 복수가 아닌 화해와 용서로 평화를 이루고 세상을 행복하게 만들어가는 믿음의 친구들이 되기를 바랍니다.

결단의 기도

　사랑의 하나님, 자기를 미워해서 노예로 팔아넘긴 형들을 용서하여 화해를 이룬 요셉처럼, 우리도 누군가와 문제가 생겼을 때 먼저 용서하고 화해할 수 있도록 도와주세요. 또한 다툼을 일으키고 평화를 깨는 사람이 아니라 화해하도록 도와주고 평화를 이루는 사람이 되게 해 주세요. 내가 이기는 것보다 용서하고 화해하는 것이 더 큰 믿음과 용기 있는 행동임을 알고 그렇게 실천하게 해주세요. 예수님의 이름으로 기도 드립니다. 아멘.

● 참고말씀: 창세기 45장 1~15절

MEMO

한마음으로 교회를 세워요

말씀 : 전도서 4장 12절

한 사람이면 패하겠거니와 두 사람이면 맞설 수 있나니
세 겹줄은 쉽게 끊어지지 아니하느니라

여러분, 누군가 털썩 주저앉아 슬프게 울고 있어요. 벌써 여러 날 동안 음식도 먹지 않고 슬퍼하고 있답니다. 이 사람은 누구일까요? 그리고 왜 이렇게 슬프게 울고 있는 걸까요? 이 사람은 바벨론 포로 출신의 느헤미야라는 사람이에요. 하지만 지금은 페르시아 나라에서 왕의 두터운 신임을 받는 신하가 되었지요. 느헤미야가 이렇게 슬퍼하는 이유는 고향에 있는 예루살렘 성벽이 무너지고 성문이 불탔다는 소식을 들었기 때문이에요. 예루살렘 성은 하나님께 예배하는 성전이 있는 곳으로, 하나님의 영광을 나타내는 소중한 곳이었어요. 그곳에서 사람들은 하나님께 예배드리며 위대하신 하나님을 찬양했어요. 하지만 예루살렘 성이 무너져버린 지금은 아무도 하나님을 찬양하지 않아요. 어떤 이들은 무너진 성을 보며 하나님과 이스라엘 백성들을 조롱하기도 했어요. 느헤미야는 무너져버린 예루살렘 성을 생각하며 하나님께 간절히 기도했어요.

"하나님, 이스라엘이 비록 하나님의 말씀을 저버려서 심판을 받았지만 하나님께서 다시 구원해주실 줄 믿어요. 예루살렘 성벽을 다시 세울 수 있도록 도와주세요."

하지만 페르시아의 신하인 그가 1,100km나 떨어진 예루살렘에 마음대로 갈 수는 없어요. 더군다나 그는 성벽을 건축하는 일에 전문가도 아니었어요. 그런데도 느헤미야는 예루살렘 성벽을 다시 세우는 일을 반드시 이루어야 한다고 생각하고 계속해서 기도했어요. 결국 하나님께서 느헤미야의 간절한 기도를 들어 주셨어요. 하나님께서 느헤미야가 예루살렘으로 가도 좋다는 왕의 허락을 받게 하신 거예요. 뿐만 아니라 하나님은 그가 성벽 재건에 필요한 재료들과 고향으로 가는 길을 안전하게 지켜줄 병사들, 그리고 왕의 편지를 받아 예루살렘으로 갈 수 있도록 인도하셨어요.

마침내 예루살렘에 도착해 보니 그곳은 그야말로 비참한 상태였어요. 하지만 느헤미야는 실망하지 않고 성벽을 다시 세울 준비를 시작했어요. 그는 가장 먼저 절망한 백성들을 설득했어요.

"여러분! 하나님의 은혜와 인도하심으로 제가 이곳으로 돌아올 수 있게 되었습니다. 우리가 다 함께 힘을 모으면 분명히 하나님께서 도와주실 것입니다. 우리 함께 예루살렘을 다시 세웁시다!"

그의 말에 힘을 얻은 백성들이 함께 무너진 성벽을 다시 세우기 시작했어요. 한마음으로 서로서로 힘을 합하여 각자의 위치와 역할에 따라 일을 해나갔어요. 예배를 담당했던 제사장들은 물론이고, 여자, 남자, 어린이, 노인 할 것 없이 일반 백성들 모두가 함께 벽돌을 날라 성벽을 쌓고 성문을 만들어 달았어요. 누가 시키지 않아도 솔선수범하여 열심히 참여해서 모두 함께 성벽을 지어나갔어요. 물론 성벽 공사가 쉽지만은 않았어요. 그들이 만든 성이 쉽게 무너질 것이라고 비웃고 건축을 방해하는 사람들도 있었어요. 하지만 그럴 때마다 느헤미야는 하나님께 기도하며 백성들을 격려했어요. 그리고 방해자들의 공격이 심해질수록 더욱 똘똘 뭉쳤어요. 결국 그들은 놀랍게도 단 52일 만에 예루살렘 성벽을 다시 세울 수 있었어요.

우리 교회를 세우는 일은 누가 해야 할까요? 전도사님을 따라해 볼까요? "우리가!"(두 번 반복하기) 네. 우리 교회를 세우는 일은 바로 우리가 함께해야 해요. 만약 전도사님이 "우리 다 함께 부활절 계란을 들고 나가 이웃에게 부활소식을 전하도록 해요."라고 이야기하면 "싫어요. 그냥 다른 애 시키세요. 귀찮아요.", "전 친구랑 놀러 가기로 해서 안돼요."라고 말하는게 아니라 "네! 우리가 함께할게요." 하고, 한마음으로 함께해야 해요. 또 우리 교회가 전도축제를 선포하면 "나 말고 누군가는 하겠지.", "내가 안 해도 선생님들이 하겠지." 하고 서로 미루는 게 아니라 "네! 우리가 함께할게요." 하고 함께할 때 우리 어린이교회가 잘 세워지고 부흥할 수 있어요. 이스라엘 백성들이 한마음으로 똘똘 뭉쳐서 단 52일이라는 짧은 기간에 공사를 마칠 수 있었던 것처럼, 우리도 우리 교회를 사랑하고, 바르게 세워나가기 위해 다 함께 마음을 모으고, 서로 협력해야 해요.

한마음으로 우리 교회를 세워 나가려면 어떻게 해야 할까요? 우리가 서로 사랑하고, 서로 격려해주면 그렇게 할 수 있어요. 서로를 위해 기도해주고 도와주면 그렇게 할 수 있어요. 우리는 서로 생김새도 다르고, 성격도 다르고, 잘하는 것도 다르지만 예수님을 믿는 믿음으로 하나된 교회에요. 그래서 우리 모두가 함께 우리 교회를 바르게 세워나가야 해요. 우리교회를 바르게 세워나가는 일은 혼자서 할 수 있는 게 아니에요. 우리 모두가 마음을 모두고 함께해 나가야 할 수 있어요. 그리고 그것이 바로 하나님이 우리에게 원하시는 교회의 모습이에요. 여러분 모두 느헤미야와 백성들처럼 서로 돕고 한마음으로 협력함으로, 그 어떤 어려움도 이겨내고 교회를 아름답게 세워나가는 친구들이 되기를 바랍니다.

결단의 기도

하나님, 우리 교회는 예수님을 믿는 믿음으로 하나된 사람들이에요. 서로 잘난 척하고, 미워하고, 끼리끼리 노는 것이 아니라 서로 사랑하고, 서로 격려하고, 서로를 위해 기도함으로 한마음을 품게 해 주세요. 무너진 예루살렘 성벽을 멋지게 다시 세운 느헤미야와 백성들처럼 한마음으로 서로 돕고 협력함으로 그 어떤 어려움도 이겨내고 교회를 아름답게 세워나가는 친구들이 되게 해 주세요. 예수님의 이름으로 기도 드립니다. 아멘.

● 참고말씀: 느헤미야 1~6장

MEMO

믿음으로 하나되어 하나님의 뜻을 이루어요

말씀 : 에베소서 4장 1~3절

그러므로 주 안에서 갇힌 내가 너희를 권하노니 너희가 부르심을 받은 일에
합당하게 행하여 모든 겸손과 온유로 하고 오래 참음으로 사랑 가운데서
서로 용납하고 평안의 매는 줄로 성령이 하나 되게 하신 것을 힘써 지키라

이스라엘 백성들은 애굽을 탈출한 후 가나안 땅에 들어가기 전까지 오랫동안 광야에서 함께 생활했어요. 광야생활이 힘들고 어려웠지만 하나님의 약속을 믿고 함께 견뎌 냈지요. 그런데 그들이 가나안 땅에 들어가기 전, 르우벤 지파와 갓 지파 사람들이 모세와 제사장 엘르아살을 찾아와서 말했어요.

"저희 르우벤 지파와 갓 지파는 요단강을 건너 가나안 땅에 들어가지 않고, 그냥 이곳에 머물러 살겠습니다. 이 땅은 우리가 키우는 양과 염소들이 먹기에 충분한 양의 풀이 자라고, 강물도 마르지 않는 좋은 곳입니다. 그러니 저희가 이곳에서 가축을 키우며 살 수 있게 허락해 주세요."

이런! 큰일이네요. 가나안 땅을 정복하려면 그곳 사람들과 전쟁을 해야 해요. 전쟁을 하려면 모두가 힘을 합쳐야 하는데 두 지파가 빠지겠다는 거예요. 모세가 그들에게 단호하게 말했어요.

"너희 형제들이 싸우러 가는데 너희는 여기에 머물려고 하느냐? 너희는 어찌하여 이스라엘 백성들을 실망시키려고 하느냐? 그 옛날 열두 정탐꾼이 가나안을 정탐하고 돌아왔을 때를 기억해 보아라. 그때 가나안 땅에 못 들어갈 거라고 했던 열 명의 정탐꾼들 얘기만 믿고 불평했던 사람들 때문에 하나님은 그들이 다 죽을 때까지 사십년 동안 광야에서 떠돌게 하셨다. 이제 너희가 또 다시 하나님의 약속을 잊어버리고 따르지 않는다면 하나님께서 또 다시 우리를 광야에 버리실 것이다. 결국 너희들 때문에 이스라엘 모든 백성이 멸망하게 될 것이다."

모세의 말을 듣고 르우벤 지파와 갓 지파 사람들은 고민했어요. 하나님의 약속을 믿고 지금까지 함께해 온 백성들을 생각했지요. 깊이 고민하고 의논한 끝에 그들은 이렇게 결정했어요.

"당신의 말씀대로 저희가 함께 나아가 전쟁을 치르겠습니다. 대신 부탁이 있습니다. 가기 전에 저희의 가축들을 위한 우리와 저희의 아이들이 안전하게 지낼 성을 짓고 가게 해 주세요. 그렇게 하게 해 주시면 저희가 제일 앞장서서 전쟁을 치르겠습니다."

모세는 르우벤 지파와 갓 지파 사람들의 결정에 찬성했어요.

"너희의 말대로 하도록 해라. 너희들 모두가 한마음으로 전쟁에 참여하여 이기고 돌아오면 이 땅은 너희의 것이 될 것이다."

약속의 땅 가나안을 앞두고 두 지파가 함께 가지 않겠다고 한 것은 이스라엘 백성들에게 분명 큰 위기였어요. 만약 두 지파가 자기들만 생각하고 모세의 말을 무시했다면 어떻게 되었을까요? 다른 지파 백성들이 어떻게 되든 상관없이 자기네만 잘 살면 된다고 생각했다면 이스라엘 백성들은 하나되지 못했을 거예요. 하지만 그들은 모세의 말을 듣고 이스라엘 온 백성에게 주신 하나님의 약속을 다시 기억해 냈어요. 그리고 한마음으로 약속의 땅을 향해 나아가기로 하여 그 위기를 넘길 수 있었어요. 그들이 하나 될 수 있었던 것은 바로 하나님에 대한 믿음과 하나님이 주신 약속에 대한 믿음이 있었기 때문이에요.

이스라엘 백성들만 하나님의 약속을 받은 게 아니에요. 예수 그리스도를 믿고 하나님의 자녀가 된 우리도 하나님 나라를 약속 받았어요. 키가 큰 OO(이)도, 이가 빠진 OO(이)도, 미소가 예쁜 OO(이)도, 축구를 좋아하는 OO(이)도, 전도를 잘하는 OO(이)도 모두모두 믿음으로 하나님 나라를 약속 받았어요. 그러니까 그 약속을 받은 우리도 가나안 땅을 향해 함께 나아갔던 이스라엘 백성들처럼 한 마음으로 하나님 나라를 향해 나아가야 해요. 자기 자신만 생각하거나 욕심 부리지 말고, 하나님의 약속을 기억하고 나보다 다른 사람을 더 생각하면서 하나되게 하신 것을 힘써 지켜야 해요. 왜냐하면 우리는 한마음으로 하나님의 뜻을 이루어가는 믿음의 공동체로 부름 받았기 때문이에요.

그렇다면 우리는 어떻게 해야 할까요? 우리도 믿음으로 하나되어 하나님의 뜻을 이루어가야 해요. 그러려면 하나님께서 우리에게 주신 약속을 믿어야 해요. 우리가 믿음으로 하나 되려면 예수님을 믿는 믿음으로 똘똘 뭉쳐야 해요. 우리가 믿음으로 하나 되려면 겸손하고 온유하게 행동하고, 서로를 이해해 주고 사랑해야 해요. 그래서 다툼이나 하나되게 하지 못하는 어려움이 생겨도 서로 화해하고 평화롭게 지내도록 힘써야 해요.

사랑하는 여러분, 예수님을 믿고 하나님의 자녀가 된 우리 모두 하나님의 약속을 받은 사람들임을 잊지 마세요. 또한 우리는 한마음으로 하나님의 뜻을 이루어가는 믿음의 공동체로 부름 받았다는 것을 기억하세요. 그래서 우리를 하나되지 못하게 하는 욕심과 이기심을 버리고 믿음으로 하나되어 하나님의 뜻을 이루어가는 친구들이 되기를 바랍니다.

결단의 기도

하나님, 가나안 땅을 약속으로 받은 이스라엘 백성들처럼, 우리에게 하나님 나라를 약속해 주심으로 하나되게 하심을 감사드려요. 예수님을 믿는 하나님의 자녀로서 겸손하고 온유하게 해 주시고, 서로 이해하고 사랑함으로 하나되게 해 주세요. 또한 한마음으로 하나님의 뜻을 이루어가게 해 주세요. 예수님의 이름으로 기도 드립니다. 아멘.

● 참고말씀: 민수기 32장 1~32절

MEMO

우리 가정의 주인이 되어주세요

말씀 : 욥기 1장 20~22절

욥이 일어나 겉옷을 찢고 머리털을 밀고 땅에 엎드려 예배하며 이르되
내가 모태에서 알몸으로 나왔사온즉 또한 알몸이 그리로 돌아가올지라
주신 이도 여호와시요 거두신 이도 여호와시오니 여호와의 이름이
찬송을 받으실지니이다 하고 이 모든 일에 욥이 범죄하지 아니하고
하나님을 향하여 원망하지 아니하니라

동방의 우스라는 곳에 욥이라는 사람이 살고 있었어요. 그는 하나님을 믿고 경외하는 사람으로, 일곱 명의 아들과 세 명의 딸을 둔 동방의 가장 큰 부자였어요. 욥의 가정은 늘 웃음꽃이 피어나는 행복한 가정이었고, 모일 때마다 하나님께 예배드리고 찬양하는 믿음의 가정이었어요. 무엇보다 욥은 부자이면서도 교만하지 않았고, 항상 하나님 앞에서 죄를 짓지 않고 정직하고 깨끗하게 살려고 노력했어요. 그런데 사탄은 늘 그렇게 행복하게 사는 욥이 못마땅했어요. 그래서 어떻게 하면 욥이 하나님을 원망하게 해서 그의 가정을 불행하게 만들까 고민했어요. 그러던 어느 날, 사탄이 하나님께 가서 이렇게 말했어요.

"하나님, 욥과 그의 가정이 왜 하나님을 잘 섬기고 행복하게 사는 걸까요? 그것은 하나님이 욥을 아무 부족함 없이 부자로 살게 하셔서 그런 거예요. 만약 그 모든 것들을 잃어버리면 욥도 하나님을 원망할 것입니다."

사탄은 그렇게 욥을 시험하여 욥이 하나님을 원망하고 하나님에게서 멀어지게 하려고 했어요. 하지만 하나님의 생각은 달랐어요. 하나님은 욥의 믿음을 증명하기 위해 사탄이 원하는 대로 해도 좋다고 허락하셨어요. 단, 그의 생명은 절대 건드리지 말라고 하셨죠. 그러자 그때부터 욥과 그의 가정에 여러 가지 힘든 일이 일어나기 시작했어요. 어느 날, 한 종이 욥에게 달려와 말했어요.

"주인님, 스바 사람들이 쳐들어와서 모든 것을 빼앗아 갔어요. 종들이 모두 죽고, 저만 살아서 왔습니다."

그때 또 다른 종이 욥에게 달려와 말했어요.

"주인님, 하늘에서 갑자기 불이 떨어져서 주인님의 양과 종들을 모두 불살라 버렸어요."

뒤이어 다른 종들이 와서 더 충격적인 소식을 전했어요.

"주인님, 큰일 났어요. 큰 바람이 불어서 집이 무너졌는데 주인님의 자녀들이 모두 그 집에 깔려 죽고 말았어요. 흑흑흑…."

어떻게 이런 일이 있을 수 있을까요? 욥은 하루아침에 그 많던 재산과 사랑하는 자녀들을 모두 잃어버렸어요. 바로 사탄의 나쁜 계략 때문에 말이에요. 욥은 큰 슬픔에 빠졌고, 행복했던 그의 가정은 고통만이 가득한 불행한 가정이 되고 말았어요. 하지만 욥은 그 모든 것을 잃고도 하나님을 원망하지 않았어요. 오히려 하나님께 이렇게 기도했어요.

"하나님, 저는 원래 태어날 때 아무것도 없이 태어났어요. 저에게 재산과 자녀를 주신 분이 하나님이시고 가져가신 분도 하나님이시니, 저는 오직 하나님의 이름을 찬양합니다."

우와! 어떻게 이럴 수가 있죠? 욥의 믿음, 정말 대단한 거 같아요. 사탄이 계속해서 욥을 시험했지만 실패하고 말았어요. 결국 하나님은 끝까지 하나님을 원망하지 않고 하나님만이 모든 것의 주인이라고 고백한 욥에게 두 배의 축복을 주셨어요. 욥은 더 많은 재산과 더 많은 자녀들을 축복의 선물로 받고 하나님을 섬기면서 오래오래 행복하게 살았답니다.

여러분은 어떤가요? 욥처럼 어렵고 힘든 일을 겪어도 여전히 하나님을 사랑할 수 있나요? 하나님께 불평하고 원망하지 않을 수 있나요?

"하나님, 다른 사람들은 아무렇지도 않게 잘 사는데 우리 집은 왜 이렇죠?"

"하나님, 우리 집은 왜 이렇게 가난하죠? 왜 이렇게 부족한 게 많아요?"

"하나님, 왜 우리 집은 행복하지 못하죠? 가족들 다 마음에 안 들어요."

아무리 믿음이 좋고 교회에 오래 다녔어도 힘든 일들을 계속해서 겪게 되면 행복하지 않을 거예요. 하나님을 원망할 수 있을 거예요. 하지만 욥은 달랐어요. 욥은 모든 것을 잃고도 하나님을 원망하지 않았어요. 왜일까요? 그것은 욥이 자신과 자신의 가정의 주인이 누구신지 알았기 때문이에요. 또한 욥은 자신이 부자로 자녀들과 행복하게 사는 것이 모두 하나님이 주신 축복이라는 것을 알았어요. 행복한 가정은 돈 많은 부자로 사는 가정이 아니라 바로 하나님이 주인이 되어주시는 가정이에요. 왜냐하면 돈은 언제든지 없어질 수 있지만 하나님은 언제나 변함없이 우리 가정을 지키시고 돌보아주시는 분이시기 때문이에요.

5월은 가정의 달이에요. 혹시 여러분은 여러분이 선물 받는 어린이날만 기다리고 있나요? 나만 행복하다고 우리 가정이 저절로 행복해지는 게 아니에요. 어린이날 선물을 받는 것도 좋고 가족과 함께 나들이를 가는 것도 좋지만 가장 중요한 것은 하나님이 여러분 가정의 주인이시라는 사실을 알고 감사드리는 거예요. 혹시 하나님을 믿지 않는 가족이 있다면 온 가족이 모두 하나님을 믿고 섬기게 해 달라고 기도하는 거예요. 그리고 사랑하는 부모님을 위해 "엄마 아빠 힘내세요! 제가 있잖아요." 하고 용기를 드리는 거예요. 형제끼리도 싸우지 말고 사이좋게 지내구요. 여러분과 여러분 가정의 주인은 모두 하나님이시라는 사실을 믿고 감사하는 가정이 되어서 모두가 화목하고 행복하게 살아가기를 바랍니다.

결단의 기도

하나님, 우리가 누리는 모든 것이 하나님께로부터 온 것이고, 우리 가정의 주인도 바로 하나님이심을 알게 해 주시니 감사합니다. 모든 것을 잃고도 하나님을 원망하지 않고, 오히려 하나님을 찬양한 욥의 믿음을 본받게 해 주세요. 가족 모두가 예수님을 믿는 가정이 되게 해 주시고, 하나님께서 우리 가정의 주인이심을 믿고 감사하며 모두가 행복하게 살아가게 해 주세요. 예수님의 이름으로 기도 드립니다. 아멘.

● 참고말씀: 시편 112편 1~3절

MEMO

말씀은 살아있어요

말씀 : 히브리서 4장 12절

하나님의 말씀은 살아 있고 활력이 있어 좌우에 날선 어떤 검보다도 예리하여 혼과
영과 및 관절과 골수를 찔러 쪼개기까지 하며 또 마음의 생각과 뜻을 판단하나니

(그림 자료를 보여 주면서) 이분은 세계적인 전도자이자 설교자이신 무디 목사님이에요.
목사님은 어렸을 때 아버지가 일찍 돌아가셔서 무척 어렵게 자랐어요. 집이 너무 가난해서
학교도 초등학교까지밖에 나오지 못했고요, 친구들이 학교에서 공부할 때 구두 가게에서
일하면서 돈을 벌어야 했어요. 어린 시절의 무디는 아무런 희망도, 꿈도 없는 불쌍한 아이
였어요. 그러던 어느 날 무디는 '킴볼'이라는 교회 선생님을 만나 예수님을 영접하게 되었
어요. 여전히 생활이 어려웠지만 무디는 열심히 교회생활을 하면서 믿음을 키워 나갔어요.

무디는 초등학교까지밖에 안 다녀서 성경말씀을 읽는 것이 서툴렀어요. 그래서 말씀을
읽는 것보다 기도를 많이 했어요. 그런데 열심히 기도만 하면 믿음이 더 커질 줄 알았는데
아무리 기도를 해도 믿음이 안 자라는 것 같은 거예요. 어느 날 무디는 성경을 읽다가 로마
서 10장 17절 "믿음은 들음에서 나며 들음은 그리스도의 말씀으로 말미암았느니라."라는
말씀을 읽고, 무릎을 탁 쳤어요. "아하! 그렇구나." 그는 그동안 자신이 성경은 읽지 않고
믿음을 달라고 기도만 했기 때문에 믿음이 안 생겼다는 것을 깨달았어요. 그 후부터 무디
는 열심히 성경을 읽고 공부했어요. 그러자 하나님께서 말씀을 사랑하고 가까이 하는 무디
에게 말씀을 더 깊이 깨닫는 지혜를 주셨어요. 말씀을 통해 하나님께서 이 세상을 얼마나
사랑하시는지 깨달은 무디는 말씀을 전하고 전도하는 일에 매달리기 시작했어요. 그는 열
심히 일구던 사업도 포기하고 하나님의 말씀을 전하기 위해 돈과 시간을 아끼지 않았어요.
무디 목사님은 미국과 영국으로 전도 여행을 다니면서 하나님의 말씀을 전했고, 말씀을 듣
는 사람마다 회개하고 예수님을 믿게 되었어요. 무디 목사님에게서 말씀을 들은 사람 중에
는 우리나라 조선에서 복음을 전했던 '게일'이라는 사람도 있었어요. 무디 목사님을 통해

전해진 하나님의 말씀이 게일을 통해 우리나라에까지 전파된 거예요.

여러분, 요즘 어린 동생들이 좋아하는 그림책 팝업북이라고 알아요? 입체북이라고도 하죠. 그 책의 그림들은 입체적으로 만들어져서 책장을 넘길 때마다 그림이 살아 움직이는 것처럼 보여요. 그럼 만약에 글자가 살아서 꿈틀꿈틀 움직인다면 어떨까요? (대답을 들은 후) 오늘 성경말씀을 보니까 하나님 말씀이 살아있대요. 본문 말씀을 다시 한 번 읽어볼까요? "하나님의 말씀은 살아 있고 활력이 있어 좌우에 날선 어떤 검보다도 예리하여 혼과 영과 및 관절과 골수를 찔러 쪼개기까지 하며 또 마음의 생각과 뜻을 판단하나니"(히브리서 4:12) 이 말씀이 무슨 뜻일까요? 정말 말씀이 살아서 꿈틀꿈틀 움직인다는 뜻일까요?
"어? 오늘은 예수님이 꼭 나에게 하시는 말씀 같네?"
"말씀을 들으니 왜 내 마음이 찔리지?"
"같은 말씀인데 전에 읽었을 때랑 오늘 읽었을 때랑 느낌이 달라."
"예수님, 잘못했어요. 용서해 주세요. 흑흑흑…. 앞으론 죄 짓지 않고, 말씀대로 살게요."

살아있다는 것은 힘이 있고, 생명력이 있다는 뜻이죠. 말씀이 살아있다는 것은 그 말씀이 성경책 속의 글자 안에 갇혀있는 게 아니라 말씀을 듣는 사람에게 감동을 주어서 그 사람을 바꾸어 놓는다는 뜻이에요. 즉, 죄인이던 사람이 말씀을 듣고 죄를 회개하여 새로운 삶을 살게 되는 거예요. 예수님을 핍박하던 사람이 예수님을 만난 후에 예수님을 믿게 되고, 그래서 예수님을 전하는 사람이 되는 거예요. 성경 속의 삭개오와 바울이 그랬던 것처럼 말이에요. 또 살아있는 말씀은 말씀을 듣는 사람만 변화시키는 게 아니라 그 사람을 통해 또 다른 사람에게 전해져서 그 다른 사람까지 변화시켜요. 말씀을 통해 무디 목사님이 변화되고, 그 말씀이 무디 목사님을 통해 게일 선교사님에게, 또 게일 선교사님을 통해 우리에게까지 전해진 것처럼 말이죠. 그것이 바로 말씀이 살아있는 증거이고, 말씀이 가지고 있는 능력이랍니다.

하나님은 여러분 안에서도 말씀이 살아나기를 바라세요. 그리고 그 말씀이 증거되기를 원하세요. 그럼 어떻게 해야 할까요? 오늘 만나 본 무디 목사님처럼 하나님의 말씀을 열심히 읽고, 배워야 해요. 그리고 말씀대로 살면서 열매를 맺어야 해요. 예수님을 믿고 달라진 내 모습을 사람들에게 보여주어야 해요. 더 나아가 다른 친구들에게도 예수님의 말씀을 전해주어야 해요. 말씀을 읽고 듣는 사람이 많아질수록, 예수님을 믿는 사람이 많아질수록, 말씀대로 살아가는 사람이 많아질수록 하나님의 말씀이 사람들 마음속에서 더 힘차게 움직여서 영원히 우리와 함께할 거예요. 여러분도 무디 목사님처럼 말씀을 가까이하고, 말씀을 많이 읽고 배워서 여러분의 삶을 멋지게 변화시키기를 바라요. 또 다른 사람에게도 열심히 전해주어서 죄 때문에 죽어가는 사람들을 살려내는 친구들이 되기를 바랍니다.

결단의 기도

사랑의 하나님, 우리에게 살아있는 말씀을 주셔서 죄를 회개하고 변화되게 하시니 감사드려요. 살아있는 말씀을 통해 언제나 우리를 새롭게 하시고, 믿음과 사랑의 열매를 많이 맺게 해 주세요. 또한 예수님을 믿지 않는 다른 친구들에게도 말씀이 전파되어 많은 친구들이 예수님 믿게 해 주시고, 교회도 많이 생겨나게 해 주세요. 예수님의 이름으로 기도 드립니다. 아멘.

● 참고말씀: 로마서 10장 17절

MEMO

기도로 서로 도와요

말씀 : 출애굽기 17장 9~12절

모세가 여호수아에게 이르되 우리를 위하여 사람들을 택하여 나가서 아말렉과
싸우라 내일 내가 하나님의 지팡이를 손에 잡고 산꼭대기에 서리라 여호수아가
모세의 말대로 행하여 아말렉과 싸우고 모세와 아론과 훌은 산꼭대기에
올라가서 모세가 손을 들면 이스라엘이 이기고 손을 내리면 아말렉이 이기더니
모세의 팔이 피곤하매 그들이 돌을 가져다가 모세의 아래에 놓아 그가
그 위에 앉게 하고 아론과 훌이 한 사람은 이쪽에서, 한 사람은 저쪽에서
모세의 손을 붙들어 올렸더니 그 손이 해가 지도록 내려오지 아니한지라

가나안 땅을 향해 긴 여행을 하던 이스라엘 백성들이 '르비딤'이라는 곳에 이르렀을 때였어요. 아말렉이 엄청나게 많은 군대를 이끌고 이스라엘을 쳐들어왔어요. 큰일 났어요. 자칫하다가는 가나안에 들어가기도 전에 이스라엘 백성들이 모두 죽게 생겼어요. 더군다나 이스라엘 백성들은 전투 준비가 전혀 안 된 상태였어요. 지도자 모세가 여호수아를 불렀어요.

"여호수아! 너는 백성들 중에서 싸울 수 있는 사람들을 뽑아서 아말렉과 싸워라! 나는 하나님의 지팡이를 손에 잡고 산꼭대기로 올라가겠다."

여호수아는 모세의 명령대로 군사를 뽑아 아말렉과 싸우러 나갔고, 모세는 아론과 훌을 데리고 산꼭대기로 올라갔어요. 그리고 전쟁하는 모습이 잘 보이는 곳에 섰어요. 이윽고 전투가 시작되었고 모세는 지팡이를 든 두 팔을 들고 하나님께 기도하기 시작했어요.

"전능하신 하나님! 당신의 강한 팔로 아말렉을 물리쳐 주소서! 전쟁에서 승리하게 하소서!"

모세는 부들부들 떨면서 간절하게 하나님께 기도했어요. 그런데 모세의 눈앞에 믿을 수 없는 광경이 벌어졌어요. 모세의 두 팔이 들려 있는 동안에는 이스라엘 군사들이 이기고, 모세가 팔이 아파 들고 있던 팔을 아래로 내리면 다시 아말렉이 이기기 시작하는 거예요. 모세가 두 팔을 들면 이스라엘이 이기고, 모세가 두 팔을 내리면 아말렉이 이기고…. 어떻게 하면 좋을까요? 그때, 이것을 지켜보던 아론과 훌이 모세의 왼팔과 오른팔을 잡고 함께 기도하기 시작했어요.

"하나님, 도와주세요! 아말렉을 물리쳐 주세요!"

두 사람이 붙들고 있는 모세의 두 팔은 해가 지도록 내려오지 않았어요. 그럼 전쟁은 어떻게 되었을까요? (대답을 들은 후) 네. 여호수아가 이끈 이스라엘 군대가 아말렉을 물리치고 승리했답니다. 하나님께서 모세의 간절한 기도를 들어주신 거예요. 또한 아론과 훌이 기도하는 모세를 도와 두 팔을 붙들고 함께 기도했기 때문에 전쟁에서 이길 수 있었어요. 모세와 백성들은 전쟁을 승리로 이끌어 주신 '여호와 닛시' 하나님을 찬양하며 감사의 예배를 드렸어요.

여러분, 여러분은 다른 사람을 위해서 기도해본 적이 있나요?

"하나님, 저 이번 생일선물로 자전거 받게 해 주세요."

"하나님! 저 이번 시험에 100점 받게 해 주세요."

이런 기도 말고,

"하나님, 우리 동생이 많이 아파요. 빨리 낫게 도와주세요."

"하나님, 우리 엄마 아빠가 너무 힘들어 하세요. 엄마 아빠가 힘낼 수 있게 도와주세요."

"하나님, 다른 나라의 친구들이 먹을 음식과 약이 없어서 죽어가고 있대요. 그들에게 먹을 것을 주시고, 아프지 않게 도와주세요."

이렇게 기도해 봅시다.

이렇게 나 아닌 다른 누군가를 위해 기도하는 것을 '중보기도'라고 해요. 즉, 내가 원하는 것을 바라며 기도하기보다 다른 사람의 아픔이나 어려움을 위해 간절한 마음으로 기도하는 거예요. 우리는 우리 자신을 위해서도 기도해야 하지만 가족과 이웃, 다른 사람들을 위해서도 중보기도 해야 해요. 아브라함도 조카 롯을 위해 간절히 중보기도 했고, 예수님도 겟세마네 동산에서 기도하실 때 제자들에게 함께 기도해 달라고 부탁하셨어요. 왜냐하면 여러 사람이 함께 마음을 모아 기도할 때 더 강력한 기도가 될 수 있기 때문이에요. 오늘 이야기에서도 아론과 훌이 모세를 도와 함께 기도했기 때문에 전쟁에서 이길 수 있었어요. 그래서 예수님은 "너희 중의 두 사람이 땅에서 합심하여 무엇이든지 구하면 하늘에 계신 내

아버지께서 그들을 위하여 이루게 하시리라."라고 말씀하셨어요(마 18:19).

전도사님은 여러분도 '중보기도'하는 어린이들이 되었으면 좋겠어요. 그럼 누구를 위해 기도해야 할까요? 우선, 가족을 위해 중보기도해요. 엄마 아빠, 형(언니, 누나), 동생, 할머니 할아버지 등 사랑하는 가족들을 위해 기도해 주세요. 두 번째는 친구들을 위해 중보기도해요. 여러분의 친구들이 아프거나 슬픈 일이 있거나 어려운 문제가 생겼을 때 그냥 모른 척하거나 보고만 있지 말고, 그들을 위해 기도해 주세요. 마지막으로 우리 교회와 나라를 위해 중보기도해요. 우리 교회가 믿음 안에서 서로 사랑하며 부흥하게 해 달라고, 또 우리나라가 모두 함께 예수님을 믿는 나라가 되게 해 달라고 기도해 주세요. 간절한 중보기도는 역사하는 힘이 크답니다. 이스라엘이 아말렉과 싸울 때 모세와 아론과 훌이 서로 힘을 모아 함께 기도했던 것처럼 여러분도 서로를 위해 중보기도함으로 어려울 때 서로 돕는 친구들이 되기를 바랍니다.

결단의 기도

하나님, 이스라엘이 아말렉과 싸울 때, 모세와 아론과 훌이 서로 힘을 모아 함께 기도함으로 전쟁에서 승리하게 하신 것을 배웠어요. 우리도 우리 자신을 위해서만 기도하지 말고, 서로를 위해, 또 가족과 이웃, 다른 사람들을 위해 중보기도함으로 서로를 돕는 친구들이 되게 해 주세요. 예수님의 이름으로 기도 드립니다. 아멘.

● 참고말씀: 마태복음 18장 19~20절

MEMO

교회가 어려울 때 서로 도와요

말씀 : 사도행전 11장 19~24절

그때에 스데반의 일로 일어난 환난으로 말미암아 흩어진 자들이 베니게와
구브로와 안디옥까지 이르러 유대인에게만 말씀을 전하는데 그 중에
구브로와 구레네 몇 사람이 안디옥에 이르러 헬라인에게도 말하여 주 예수를
전파하니 주의 손이 그들과 함께하시매 수많은 사람들이 믿고 주께
돌아오더라 예루살렘 교회가 이 사람들의 소문을 듣고 바나바를 안디옥까지
보내니 그가 이르러 하나님의 은혜를 보고 기뻐하여 모든 사람에게 굳건한
마음으로 주와 함께 머물러 있으라 권하니 바나바는 착한 사람이요
성령과 믿음이 충만한 사람이라 이에 큰 무리가 주께 더하여지더라

　이곳은 예루살렘 교회예요. 부활하신 예수님께서 하늘나라로 올라가신 뒤 제자들과 예수님을 믿는 사람들이 모여 세워진 교회지요. 사람들은 교회에 모여서 하나님께 예배드리며 열심히 기도하고 찬양했어요. 또 모일 때마다 함께 음식도 나누어 먹고, 서로의 것을 나누어 쓰기도 하면서 모두가 한 가족처럼 즐겁게 생활했어요. 그러다 보니 잠시 예수님의 명령을 잊어버렸어요. 예수님께서 하늘나라로 올라가시기 전, 땅 끝까지 다니면서 모든 사람들에게 복음을 전하라고 말씀하셨는데, 그 명령을 지키지 못한 거예요.

　그러던 어느 날, 예루살렘 교회에 큰 핍박이 일어났어요. 로마 황제가 예수 믿는 사람들을 잡아 감옥에 가두고 죽이기 시작한 거예요. 예루살렘 교회의 일곱 집사님 중 한 분이신 스데반 집사님이 결국 돌에 맞아 죽임을 당하셨어요. 그러자 예루살렘에만 모여 있던 사람들이 핍박을 피해 이곳저곳으로 흩어졌어요. 이렇게 흩어진 사람들이 사마리아와 안디옥에까지 가서 복음을 전했고, 그곳 사람들도 예수님을 믿게 되었어요.

　그런데 한 가지 문제가 생겼어요. 새로 생긴 교회에 하나님의 말씀을 전하고 가르쳐줄 사람이 없다는 거예요. 이 소식을 예루살렘 교회가 듣게 되었어요. 그래서 베드로를 비롯한 예루살렘 교회 사람들이 이 문제에 대해서 어떻게 하면 좋을지 함께 기도하고 의논했어요. 결국 예루살렘 교회는 도움이 필요한 안디옥 교회를 도와주기로 결정했어요. 그리고, 착하고 믿음 좋은 바나바를 안디옥 교회로 파송했어요. 바나바는 안디옥 교회 사람들에게 예수님이 누구신지, 또 십자가의 복음이 무엇인지 열심히 가르치셨어요. 그로 인해 안디옥 교회가 점점 더 부흥하기 시작했고, 더 많은 교회들이 생겨났어요. 이 일은 예루살렘 교회가 작고 연약한 교회의 어려움을 모른 척하지 않고 도와주고 지원해 주었기 때문에 가능했어요. 나중에 예루살렘 교회가 어려움을 겪게 되었을 때 예루살렘 교회에게 도움을 받았던 안디옥 교회가 헌금과 필요한 물건들을 모아 예루살렘 교회를 도와주었답니다. 두 교회는 서로 사는 곳도 다르고 사람들도 달랐지만 예수님을 믿는 모든 교회가 한 가족이라는 것을 깨닫고 서로 돕고 보살펴준 거예요. 이처럼 어려울 때 서로 돕고 필요한 것들을 지원해주는 것이 복음을 전하고 교회를 든든히 세우는 데 중요한 역할을 했답니다.

여러분, 땅 끝까지 이르러 복음을 전하라고 하신 예수님의 명령을 기억하나요? 그 명령은 누구에게 내리신 걸까요? 바로 예수님을 믿는 우리에게 내리신 명령이에요. 그 명령을 지키기 위해서 우리 교회는 어떤 일을 해야 할까요?
(현재 교회나 교단에서 하고 있는 지원사역에 대해 이야기해 준다.)
우리는 예수님을 믿고 따르는 제자들이에요. 그래서 땅 끝까지 이르러 복음을 전하라고 하신 예수님의 명령을 잊지 말고 따르고 실천해야 해요. 예수님의 명령을 따르기 위해서 우리는 언제 어디서나 열심히 복음을 전해야 해요. 또 우리 교회가 든든히 세워지도록 교회 안에서 서로 돌보고 도와주고, 또 다른 교회들이 든든히 세워지도록 도와주어야 해요.

그렇다면 우리는 과연 어떤 일들을 할 수 있을까요? (대답을 들은 후) 어떤 친구는 바울처럼 열심히 전도함으로 도와줄 수 있어요. 또 어떤 친구는 바나바처럼 말씀을 가르치거나 기도로 도와줄 수 있어요. 또 어떤 친구는 자신의 재능(반주, 찬양, 율동, 안내 등)으로 도와줄 수 있어요. 또 헌금을 통해 어려운 이웃이나 교회를 도와주는 일에 함께할 수도 있어요. 또 우리가 직접 선교사로 나가지는 못해도 선교사님들을 위해 기도하고 물질을 지원하는 일에 함께할 수 있어요. 또 다른 교회들과 연합해서 더 큰 하나님의 일을 함께할 수도 있어요. 우리가 마음만 먹는다면 함께할 수 있는 일이 얼마든지 있답니다. 그리고 우리가 혼자서 할 수 없는 일도 서로 도우며 함께하면 엄청난 하나님의 일들을 할 수 있답니다. 그러므로 여러분 모두 예수님의 명령을 따라 복음을 전하는 일과 교회가 어려울 때 서로 도와주는 일에 함께함으로 교회를 든든히 세워가는 예수님의 제자들이 되기를 바랍니다.

결단의 기도

　하나님, 땅 끝까지 이르러 복음을 전하라는 예수님의 명령을 알게 해 주셔서 감사합니다. 그 명령을 따르기 위해 교회 안에서, 그리고 교회 밖에서 서로 도와야 한다는 것도 알게 되었어요. 우리가 서로 돕고 함께함으로 우리 교회를 든든히 세워가게 해 주세요. 또 우리 교회가 어려움에 처한 교회를 도와주고 필요한 것을 지원함으로 모두가 함께 부흥할 수 있도록 도와주세요. 예수님의 이름으로 기도 드립니다. 아멘.

MEMO

하나님의 은혜를 기억해요

말씀 : 신명기 16장 1절

아빕월을 지켜 네 하나님 여호와께 유월절을 행하라 이는 아빕월에
네 하나님 여호와께서 밤에 너를 애굽에서 인도하여 내셨음이라

애굽을 탈출한 이스라엘 백성들이 가나안 땅에 들어가기 위해 거친 광야에서 생활한지도 어느덧 많은 시간이 흘렀어요. 그 사이 이스라엘 백성들을 이끌던 모세가 죽고 여호수아가 새 지도자가 되었어요. 모세는 죽었지만 하나님은 여전히 이스라엘 백성들과 함께 하셨어요. 드디어 이스라엘 백성들은 가나안 땅에 들어가기 위해 모든 준비를 끝냈어요. 그런데 그들을 가로막는 어려운 장애물이 있었어요. 무엇일까요? 그것은 바로 요단강이었어요. 그들에게는 배도 없었고, 무거운 짐을 들고 수영을 할 수도 없었어요. 그런데 여러분, 혹시 기억나나요? 이스라엘 백성들은 40년 전에도 이와 비슷한 어려움을 겪었어요. 바로 애굽을 탈출한 이스라엘 백성들 앞을 홍해 바다가 가로막았었지요. 하지만 하나님은 모세의 지팡이로 홍해가 갈라지게 하셔서 모두 무사히 건너게 하셨어요. 이스라엘 백성들은 그때 홍해의 기적을 일으키셨던 하나님을 기억했어요. 그리고 이번에도 하나님의 명령을 따라 언약궤를 앞세워 요단강을 건넜어요. 요단강을 무사히 건넌 후, 12개의 돌을 세워 기념비로 삼았어요. 그 돌들을 보면서 이스라엘 백성들은 하나님께서 항상 함께하신다는 것을 기억할 수 있었을 거예요. 또 훗날 후손들이 12개의 기념비를 보고 그 돌들이 왜 거기 세워졌는지 물었을 때, 하나님께서 홍해 바다를 가르셨고, 요단강을 마르게 하셔서 무사히 가나안 땅에 들어올 수 있었다는 것을 가르쳐줄 수 있었을 거예요.

요단강을 무사히 건넌 후, 이스라엘 백성들은 길갈이란 곳에 장막을 치고 짐을 풀었어요. 가나안 땅에 들어가려면 전쟁을 해야 하고, 다른 할 일도 많았지만 그 무엇보다 더 중요한 일이 있었어요. 그것은 바로 유월절을 함께 지키는 것이었어요. 유월절은 이스라엘 백성들이 애굽에서 종살이하던 이스라엘 백성들을 구원해주신 것을 기념하는 절기예요. 이스라엘 백성들에게 있어서 유월절은 하나님의 구원의 은혜를 잊지 않고 기억하는 가장 중요한 명절이에요. 그들은 그곳에서 함께 음식을 먹고 유월절을 보내면서 하나님의 구원을 기억하며 은혜에 감사했어요. 이처럼 이스라엘 백성들은 어렵고 힘들 때마다 하나님의 은혜와 도우심을 기억하며 그 어려움을 이겨냈어요. 또한 그 하나님의 구원의 은혜를 후손들에게도 기억하게 함으로써 후손들이 믿음을 지켜나가도록 했답니다.

여러분, 여러분은 하나님의 구원의 은혜를 기억하며 살고 있나요? 때때로 우리는 하나님의 은혜를 잊어버리고 살 때가 많아요. 주일마다 하나님의 말씀을 듣고도 교회 밖을 나가면 그 말씀을 기억하지 못하고 잊어버려요. 그래서 하나님 말씀대로 살지 못해요. 또한 하나님이 우리를 사랑하시고 구원해주신 것을 배웠는데도, 그 은혜를 잊어버리고 또 다시 죄를 짓기도 하고 감사하지 못할 때도 많아요. 그런데 여러분, 좋아하는 연예인이나 만화, 게임 속 주인공을 기억하는 것보다 우리를 사랑하시는 하나님을 기억하는 것이 더 중요해요. 내가 좋아하는 영화나 드라마의 스토리를 기억하는 것보다 우리를 구원하신 하나님의 은혜를 기억하고 감사하는 것이 더 중요해요.

하나님은 성경 속에서만 이스라엘 백성들을 구원하시고 함께하신 분이 아니에요. 하나님은 우리를 죄에서 구원하시고, 지금도 우리와 함께하시는 분이세요. 하나님은 예수님을 통해 우리를 죄에서 구원해 주셨어요. 이스라엘 백성들이 문기둥에 양의 피를 발라 죽음을 피했던 것처럼, 우리는 예수님의 십자가 죽음 때문에 구원을 얻게 되었어요. 그러므로 우리는 무엇과도 바꿀 수 없는 예수님의 십자가와 구원의 은혜를 늘 기억해야 해요. 이스라엘 백성들이 홍해의 기적과 유월절을 통해 구원의 은혜를 기억했던 것처럼 우리도 예수님의 십자가를 통해 구원의 은혜를 기억해야 해요.

그렇다면 우리는 어떻게 예수님의 구원의 은혜를 기억하며 살아갈 수 있을까요? 첫째, 십자가를 통해 기억하고 감사해요. 십자가는 예수님이 우리를 죄에서 구원하셨다는 것을 나타내주는 상징물이에요. 우리는 십자가를 보면서 그 구원의 은혜를 기억하고 감사할 수 있어요. 둘째, 예배를 통해 기억하고 감사해요. 이스라엘 백성들이 유월절을 지키면서 그 은혜를 기억하고 감사했던 것처럼 우리도 예배를 통해 구원의 은혜를 기억하고 감사할 수 있어요. 셋째, 말씀을 통해 기억하고 감사해요. 성경은 예수님의 십자가와 구원의 이야기가 쓰여 있는 책이에요. 말씀을 읽음으로 우리는 하나님의 사랑과 예수님의 구원의 은혜를 기억하고 감사할 수 있어요.

사랑하는 여러분, 반드시 기억하세요. 하나님께서 이스라엘 백성들을 애굽에서 구원해 주신 것처럼 예수님께서 우리를 죄에서 구원해 주셨어요. 이것을 항상 기억하세요. 십자가를 볼 때마다 에수님을 생각하고, 예배와 말씀을 통해 예수님의 은혜를 감사하면서 살아가는 친구들이 되기를 바랍니다.

결단의 기도

하나님, 하나님께서 이스라엘 백성들을 애굽에서 구원해 주신 것처럼 예수님을 통해 우리를 죄에서 구원해주셔서 감사 드려요. 우리가 그 은혜를 늘 기억하고 감사하면서 믿음으로 살아갈 수 있도록 도와주세요. 예수님의 이름으로 기도 드립니다. 아멘.

● 참고말씀: 여호수아 4장 1절~5장 12절

MEMO

하나님이 함께하심을 믿어요

말씀 : 사무엘상 17장 37절

또 다윗이 이르되 여호와께서 나를 사자의 발톱과 곰의 발톱에서 건져내셨은즉
나를 이 블레셋 사람의 손에서도 건져내시리이다 사울이 다윗에게 이르되
가라 여호와께서 너와 함께 계시기를 원하노라

여러분, 이스라엘의 두 번째 왕이 누구죠? (대답을 들은 후) 네. 다윗이에요. 다윗이 사울 왕 다음으로 하나님께 선택 받아 왕이 되었어요. 하나님은 왜 그를 선택하셨을까요? 바로 다윗의 외모가 아닌 다윗의 마음의 중심이 하나님의 뜻에 합당했기 때문이에요. 하나님은 다윗의 마음속에 있는 하나님에 대한 믿음과 사랑을 보셨어요. 그래서 선지자 사무엘을 베들레헴으로 보내 이새의 여덟 명의 아들들 중 가장 막내인 다윗을 왕으로 선택하셨어요. 그럼 하나님의 선택을 받은 다윗의 삶은 어땠을까요?

다윗은 늘 성실하게 양들을 돌보며, 하나님을 찬양했어요. 그는 어렸을 때부터 아버지를 도와 양 치는 일을 했는데, 항상 양들을 맛있는 풀이 있는 곳으로 인도해주고, 사나운 짐승들로부터 안전하게 지켜주어요. 그리고 양을 돌보는 동안에도 "여호와는 나의 목자시니 내게 부족함이 없으리로다."라고 늘 함께하시는 하나님을 찬양했어요.

또한 다윗은 언제 어디서나 함께하시는 하나님을 기억했어요. 사울 왕 시절, 블레셋 군대가 이스라엘을 쳐들어왔을 때의 일이에요. 블레셋 장군 골리앗이 두려워서 벌벌 떨고 있는 이스라엘 군사들을 비웃고 하나님을 모욕했어요.

"너희 중에 나를 쓰러뜨릴 자신이 있는 사람이 있으면 당장 앞으로 나와서 덤벼라!"

하지만 덩치 큰 골리앗 앞에서 기가 죽은 이스라엘 병사들은 아무도 나서지 못했어요. 그때, 이 모습을 지켜보던 소년 다윗이 골리앗 앞에 용감하게 나섰어요.

"너는 칼과 창으로 내게 나아왔느냐? 하지만 나는 네가 모욕하는 하나님의 이름으로 나아간다. 자, 받아라! 이~얏!"

"휘리릭! 슈~웅!"

"퍽! 으억! 쿠~웅!"

"와아~! 골리앗이 쓰러졌다!"

다윗은 하나님이 함께하심을 믿었기 때문에 두렵지 않았어요. 또한 들판에서 만난 사나운 사자나 곰의 공격에도 양들을 지켜 주신 것을 기억했어요. 그래서 이번에도 하나님이 함께 하셔서 도와주실 것을 믿고 나아가 하나님을 모욕하는 골리앗을 용감하게 물리친 거예요.

마지막으로, 다윗은 어떤 어려움이 있어도 하나님만 의지했어요. 다윗이 점점 더 백성들의 사랑을 많이 받자 사울 왕은 다윗에게 질투가 나서 그를 죽이려고 했어요. 그래서 다윗은 사울 왕을 피해 도망 다니는 처지가 되었어요. 하지만 그런 상황에서도 다윗은 하나님을 기억했어요. "내가 사망의 음침한 골짜기로 다닐지라도 해를 두려워하지 않을 것은 주께서 나와 함께하심이라."

늘 성실하게 양들을 돌보며, 하나님을 찬양했던 다윗, 언제 어디서나 하나님이 함께하심을 믿고 기억했던 다윗, 어떤 어려움이 있어도 포기하지 않고 하나님을 의지했던 다윗, 하나님은 그런 다윗을 이스라엘의 왕으로 세우셨어요. 다윗은 평생토록 하나님을 기억하고, 하나님이 함께하심을 믿고 의지하면서 이스라엘을 잘 다스렸답니다.

그렇다면, 여러분은 하나님이 함께하신다는 것을 언제 느꼈나요?(함께 경험을 나눈다.) 또 여러분은 언제 하나님이 여러분을 지키시고 보호해 주신다는 것을 느꼈나요?(함께 경험을 나눈다.) 그래요. 하나님은 우리가 교회에 있을 때만이 아니라 집에 있을 때, 학교에 있을 때, 학원에 있을 때, 여행갈 때도 항상 함께하세요. 또 하나님은 건강할 때, 아플 때, 힘들 때, 문제가 생겼을 때에도 늘 우리를 지키시고 보호해 주시죠. 하지만 때때로 하나님이 함께하고 계신다는 것을 느끼지 못할 때도 있어요. 하나님이 항상 함께하신다는 것을 믿고 기억하는 사람은 하나님 말씀대로 살려고 노력할 거예요. 하지만 그것을 기억하지 못하고 믿지 못하는 사람은 실수를 하거나 죄를 짓기가 쉬워요. 또한 그런 사람은 어려움이 생기면 하나님을 원망하거나 믿음을 잃어버리기도 하지요. 그래서 우리는 하나님이 나와 항상 함께하신다는 사실을 늘 기억하며 살아야 해요.

이제 우리는 어떻게 살아가야 할까요? "하나님이 함께하심을 믿고 용기 있게 살아갈래요." 이것이 오늘 말씀을 들은 여러분 모두의 고백이 되었으면 좋겠어요. 여러분도 다윗처럼 늘 함께하시는 하나님을 기억하고, 하나님을 찬양하는 친구들이 되세요. 다윗처럼 늘 지켜주시는 하나님을 기억하고, 용기 있게 믿음을 지키는 친구들이 되세요. 다윗처럼 늘 보호해 주시는 하나님을 기억하고, 어떤 어려움이 있어도 포기하지 말고 하나님을 의지하는 친구들이 되세요. 그럼 이제 다 함께 고백해 볼까요?

"하나님은 언제나 우리와 함께하시는 분이세요."

"하나님은 언제나 우리를 지키시고 보호해 주시는 분이세요."

아멘. 여러분 모두 언제나 우리와 함께하시는 하나님을 기억하고, 우리를 지키시고 보호해 주시는 하나님을 의지함으로 용기 있게 살아가는 친구들이 되기를 바랍니다.

결단의 기도

하나님, 언제나 우리와 함께하시고, 우리를 지키시고 보호해 주시는 하나님의 이름을 찬양합니다. 마음 중심에 하나님을 모심으로 하나님께 선택받은 다윗처럼 우리도 언제나 함께하시는 하나님을 기억하고, 지키시고 보호해 주시는 하나님을 의지함으로 용기 있게 살아가게 해주세요. 예수님의 이름으로 기도 드립니다. 아멘.

● 참고말씀: 시편 23편 1~6절

MEMO

섬김으로 세상을 품어요

말씀 : 마태복음 20장 28절

인자가 온 것은 섬김을 받으려 함이 아니라 도리어 섬기려 하고
자기 목숨을 많은 사람의 대속물로 주려 함이니라

어느 날, 예수님의 열두 제자인 야고보와 요한의 어머니가 예수님을 찾아왔어요. 그녀는 두 아들을 예수님 앞에 데리고 와서는 예수님께 엎드려 절을 했어요.

"예수님, 부탁이 있어서 찾아왔습니다."

"내게 무엇을 원하느냐?"

"예수님, 제 두 아들 야고보와 요한을 제자로 삼아 주셔서 감사드려요. 나중에 예수님께서 왕이 되시면 이 아이들을 하나는 주님의 오른쪽에, 다른 하나는 주님의 왼쪽에 앉게 해 주세요."

예수님은 그녀의 부탁을 듣고 마음이 안타까우셨어요.

"너희는 지금 너희가 무엇을 구하는 건지 모르는구나. 내가 앞으로 겪게 될 일을 너희가 함께할 수 있겠느냐?"

"네, 예수님. 할 수 있습니다."

"그래? 너희 말대로 분명히 그렇게 될 것이다. 그런데 내 오른쪽이나 왼쪽에 앉는 것은 내가 정해 주는 것이 아니다. 그 자리는 내 아버지께서 정하신 사람들에게 돌아갈 것이다."

자신의 아들을 높은 자리에 앉게 하려던 어머니는 조금 서운한 마음이 들었어요. 왜냐하면 야고보와 요한이 다른 제자들보다 집안도 좋고 더 똑똑하기 때문에 분명히 예수님이 자기 부탁을 들어줄 거라고 생각했기 때문이에요. 그런데 옆에서 그들의 말을 듣고 있던 다른 열 명의 제자들이 화를 냈어요.

"뭐라고? 자기들을 예수님 오른쪽과 왼쪽에 앉게 해 달라고?"

"흥! 자기들밖에 모르는 욕심쟁이 형제군."

"그러게. 수제자인 나 베드로도 가만히 있는데 자기들이 뭐라고."

이 모습을 보신 예수님께서 제자들을 모두 불러 모으셨어요.

"너희도 알다시피 나라를 다스리는 통치자들은 모두 자기 백성들 위에 군림하고 힘을 과시하려고 하지. 하지만 너희는 그러면 안 된다. 오히려 누구든지 으뜸이 되고자 하는 사람이 너희를 섬기는 사람이 되어야 하고 너희의 종이 되어야 한다. 내가 이 세상에 온 것도 섬김을 받으려고 온 것이 아니라 섬기기 위해서 온 것이니라."

하지만 아직도 제자들은 예수님의 말씀을 이해하지 못했어요. 나중에 예수님께서 직접 제자들의 발을 씻어 주시고, 십자가에 달려 돌아가신 후에야 오늘 하신 예수님의 말씀을 깨달았답니다.

여러분, 오늘 제자들의 모습을 보세요. 제자들은 예수님을 따르는 것보다 누가 더 예수님께 인정을 받고 있는지에 관심이 있었어요. 예수님이 원하시는 것보다 자신이 원하는 것에만 관심이 있었어요. 여러분은 어떤가요? 혹시 여러분도 예수님께 인정받는 게 더 중요한가요? 혹시 예수님께서 원하시는 대로 사는 것보다 내가 원하는 대로 사는 것이 더 중요한가요?

"남보다 똑똑하고 잘난 사람이 높은 자리에 앉는 게 당연한 거 아닌가요?"

"저는 다른 사람을 섬기는 것보다 사람들이 나를 알아주고 인정해주는 게 더 좋아요."

"다른 사람을 섬기면서 사는 게 너무 어려워요."

그래요. 제자들처럼 우리도 누구나 으뜸이 되고 싶어 하고, 남들에게 인정받고 싶어 해요. 하지만 예수님이 제자들에게 원하신 것은 서로 최고가 되려고 다투는 것이 아니라, 서로를 섬기고 세상을 섬기는 것이었어요. 또한 그것이 예수님이 이 땅에 오신 이유라고 말씀하셨어요.

그렇다면, 예수님이 우리에게 원하시는 것은 무엇일까요? 그것은 바로 섬김으로 세상을 품는 제자가 되는 거예요. 이를 위해 예수님은 말로만이 아니라 행함으로 본을 보여주셨어요. 예수님은 더러운 제자들의 발을 씻기심으로 제자들을 섬겨주셨고, 십자가에 달려 죽으심으로 모든 사람들을 섬겨주셨어요. 왜냐하면 예수님은 예수님을 믿는 우리가 예수님처럼 섬김으로 세상을 품는 친구들이 되기를 원하셨기 때문이에요.

섬김으로 세상을 품으려면 어떻게 해야 할까요? 첫째, 예수님처럼 겸손해야 해요. 겸손한 사람은 자기를 자랑하지 않아요. 또 다른 사람을 질투하거나 허영심으로 섬기는 척하지도 않아요. 두 번째, 예수님처럼 자기를 낮추어야 해요. 자기를 낮춘다는 것은 나보다 다른 사람을 인정하고 격려해주는 거예요. 다른 사람을 더 생각해주고 배려해주는 거예요. 세 번째, 예수님처럼 자기를 희생해야 해요. 자기를 희생하려면 욕심을 버려야 해요. 때로는 내가 손해를 볼 수도 있어요. 그래도 내가 가진 것을 베풀고 나누어 주어야 해요. 그래야 세상 사람들이 우리가 예수님의 제자인 것을 알게 될 거예요. 그리고 우리도 예수님처럼 섬김으로 세상을 품을 수 있게 될 거예요.

여러분 모두 섬기기 위해 이 땅에 오셔서 겸손하게 자기를 낮추시고 십자가에서 자신을 희생하심으로 세상을 섬기신 예수님처럼, 겸손하게 낮아지고 희생하는 모습으로 가족과 친구들을 섬기고, 이웃을 섬기고, 세상을 섬기는 친구들이 되기를 바랍니다.

결단의 기도

사랑의 하나님, 섬기기 위해 이 땅에 오신 예수님을 알게 해 주셔서 감사드려요. 제자들이 섬김을 받기 위해 최고가 되려고 하고 서로 질투하고 다투었던 것처럼, 우리도 남보다 나 자신을 더 높이고 인정받으려고만 했습니다. 교만한 우리의 모습을 용서해 주세요. 이제 우리도 예수님처럼 겸손하게 낮아지고 희생하는 모습으로 가족과 친구들을 섬기고, 이웃을 섬기고, 세상을 섬기는 친구들이 되게 해 주세요. 예수님의 이름으로 기도 드립니다. 아멘.

● 참고말씀: 마태복음 20장 20~27절

MEMO

믿음으로 하나님을 증거해요

말씀 : 사도행전 17장 22~25절

바울이 아레오바고 가운데 서서 말하되 아덴 사람들아 너희를 보니
범사에 종교심이 많도다 내가 두루 다니며 너희가 위하는 것들을 보다가
알지 못하는 신에게라고 새긴 단도 보았으니 그런즉 너희가 알지 못하고
위하는 그것을 내가 너희에게 알게 하리라 우주와 그 가운데 있는 만물을
지으신 하나님께서는 천지의 주재시니 손으로 지은 전에 계시지 아니하시고
또 무엇이 부족한 것처럼 사람의 손으로 섬김을 받으시는 것이 아니니
이는 만민에게 생명과 호흡과 만물을 친히 주시는 이심이라

이곳은 그리스의 아테네라는 도시예요. 아테네는 소크라테스, 플라톤, 아리스토텔레스, 에피쿠로스 같은 유명한 철학자들이 지식을 가르치던 곳으로, 그 당시에도 꽤 유명해서 많은 다른 지역에까지 영향을 끼쳤던 도시예요. 그곳 아테네 사람들의 관심은 '얼마나 많이 알고 있는지', '얼마나 똑똑한지'에 있었어요. 또한 아테네 사람들은 아주 많은 신들을 섬기고 있었는데, 심지어는 '이름을 알지 못하는 신'에게까지 절하고 경배했어요. 그래서 아테네에는 그 신들을 섬기고 예배하는 신전들이 참 많았지요. 그야말로 아테네는 지식과 우상이 지배하는 도시였어요. 그런 아테네에 사도 바울 선생님이 오셨어요.

사도 바울은 세상의 지식을 최고로 알고, 하나님을 알지 못하는 그들의 모습이 무척 안타까웠어요. 그래서 아테네 사람들에게 하나님이 어떤 분이신지 분명하게 증거했어요.

"여러분! 하나님은 온 세상과 그 안의 모든 것을 창조하신 분이십니다. 하나님은 온 세상의 주인이시기 때문에 사람이 지어 놓은 신전에만 계시지 않습니다. 또한 무언가 부족해서 사람들이 갖다 바치는 제물과 섬김을 받으시는 분이 아닙니다. 오히려 그분은 우리에게 생명과 호흡과 모든 것을 주시는 분이십니다. 하나님은 멀리 계시지 않고 우리와 함께 계십니다. 여러분들 중 한 시인이 '우리는 하나님께 지음 받은 존재'라고 말한 것이 맞습니다. 그러니 여러분! 이제 여러분이 만들어 낸 다른 신들 말고, 정말 살아계셔서 역사하시는 하나님을 믿으세요! 예전엔 몰라서 그랬고 이젠 하나님에 대해 확실히 들었으니 어서 회개하고, 하나님을 믿으세요!"

사도 바울은 계속해서 부활하신 예수님에 대해서도 증거했어요. 바울의 말을 듣고 비웃는 사람들도 있었지만, 어떤 사람들은 예수님을 믿고 영접했어요. 사도 바울이 이렇게 하나님과 예수님을 담대하게 전할 수 있었던 비결이 무엇일까요? 바로 하나님에 대한 믿음과 확신이 분명했기 때문이에요. 그도 예수님을 믿기 전에는 자신이 공부한 학문과 지식을 자랑스러워 했었어요. 하지만 예수님을 믿고 나서부터는 하나님을 믿고 그에 대해 아는 것이 가장 귀한 것임을 깨달았어요. 그래서 세상의 지식과 거짓 신들을 섬기는 사람들에게 자신처럼 하나님을 믿고 죄를 회개하라고 담대하게 증거할 수 있었답니다.

사랑하는 여러분! 온 세상 만물을 지으시고 다스리시며, 언제나 우리와 함께하시는 분이 하나님이신 것을 믿나요?(아멘!) 사람들이 만들어내어 신전에 갇혀있는 신들과 달리 오직 하나님만이 유일하신 참 신인 것을 믿나요?(아멘) 우리를 위해 이 땅에 오셔서 십자가에 달리셨다가 부활하심으로 우리를 죄에서 구원하시고, 영원한 생명을 얻게 하신 분, 그분이 바로 예수님이신 것을 믿나요?(아멘) 그렇다면 여러분도 사도 바울 선생님처럼 세상의 많은 지식과 거짓 신들을 섬기며 살아가는 사람들에게 믿음으로 하나님을 증거하고, 담대하게 예수님을 증거해야 해요.

우리도 사도 바울 선생님처럼 먼저 말씀을 분명하게 배우고 믿는 일부터 시작해야 해요. 그리고 하나님과 예수님에 대한 분명한 믿음과 구원의 확신을 가져야 해요. 그러면 우리도 사도 바울 선생님처럼 사람들 앞에서 담대하게 예수님을 증거할 수 있을 거예요. 특별히 교회에 왜 다니는지 몰라서 안 다니는 친구나 다니다가 믿음이 흔들리거나 유혹에 빠져 교회를 떠난 친구들에게 분명하게 복음을 증거해 줄 수 있을 거라고 믿어요. 아멘! 여러분 모두가 창조주 하나님과 구세주 예수님에 대한 분명한 믿음의 확신을 가지고, 사도 바울 선생님처럼 하나님을 모르거나 믿지 않는 사람들에게 담대하게 복음을 증거하는 친구들이 되기를 바랍니다.

결단의 기도

온 세상을 지으시고 다스리시는 하나님, 오직 하나님만이 유일하신 참 하나님이시고, 예수님만이 우리를 죄에서 구원해주신 분임을 믿고 감사드려요. 우리 모두 하나님의 말씀을 분명하게 배우고 깨달아 흔들리지 않는 믿음과 구원의 확신을 갖게 해 주세요. 그리고 우리도 사도 바울 선생님처럼 온 세상을 지으신 하나님과 우리를 구원하신 예수님을 증거할 수 있게 도와주세요. 예수님의 이름으로 기도 드립니다. 아멘.

MEMO

예수님께 아낌없이 드리겠어요

말씀 : 요한복음 6장 9절

여기 한 아이가 있어 보리떡 다섯 개와 물고기 두 마리를 가지고 있나이다
그러나 그것이 이 많은 사람에게 얼마나 되겠사옵나이까

예수님은 이 땅에 사시는 3년 동안 많은 기적을 행하시며 하나님의 나라를 전파하셨어요. 사람들은 예수님이 베푸시는 기적과 능력을 보고 무척 놀라워했어요. 그리고 말씀을 듣기 위해 이곳저곳으로 예수님을 따라다녔어요. 오늘도 예수님은 많은 일을 하신 후, 갈릴리 바다 건너편으로 가셨어요. 그리고 조금 쉬시려고 제자들과 함께 산으로 올라가 앉으셨지요. 그런데 예수님의 말씀을 듣고 싶어서 많은 사람들이 그곳까지 따라왔어요. 하루 종일 말씀이 이어지다 보니 배도 고프고 해도 뉘엿뉘엿 지기 시작했어요. 예수님은 이 사람들에게 무언가를 먹여야겠다고 생각하셨어요. 그래서 제자들에게 물으셨어요.

"우리가 어디에서 떡을 사서 이 사람들을 먹이겠느냐?"

"예수님, 이 많은 사람들을 먹이려면 200 데나리온의 떡으로도 부족할 것 같아요."

한 데나리온은 일꾼 한 명이 하루 종일 일하고 받는 품삯이에요. 그곳에 앉아 있던 사람들을 다 먹이려면 정말 많은 떡이 필요했던 것이지요. 예수님의 제자들은 걱정이 되었어요. 그들에게는 떡을 살 만한 돈도 없었고, 이 많은 사람들을 다 먹게 할 방법도 없었어요. 그때, 베드로의 동생 안드레가 조그만 바구니를 들고 예수님께 왔어요.

"예수님, 여기 한 아이가 보리빵 다섯 개와 물고기 두 마리를 예수님께 드리겠답니다. 하지만 이것이 이 많은 사람들에게 무슨 소용이 있겠습니까?"

예수님의 생각은 달랐어요.

"사람들을 다 앉게 해라."

사람들이 무리를 지어 자리에 앉자, 예수님은 떡과 물고기가 들어있는 바구니를 높이 들어 하나님께 감사 기도를 드리셨어요. 그리고 사람들에게 원하는 만큼씩 떡과 물고기를 나누어 주라고 하셨어요. 여러분, 어떤 일이 벌어졌는지 알아요? 예수님 손에 들려있던 것은 분명히 보리떡 다섯 개와 물고기 두 마리뿐이었는데, 사람들에게 주고 또 주어도 떡과 물고기가 줄어들지 않는 거예요. 결국 그곳에 있던 5,000명이 넘는 사람들이 다 배부르게 먹고 남은 조각들을 모았더니, 열두 바구니나 되었답니다. 우와! 정말 놀랍지 않나요?

"이분이 바로 이 세상에 오신다던 그 예언자가 틀림없어."

사람들은 믿을 수 없는 기적을 경험하고 모두들 입을 모아 예수님을 칭찬하며 놀라워했어요.

여러분, 여러분이 아끼는 것을 예수님께 드려본 적이 있나요? 혹은 내가 가진 것을 다른 누군가에게 나누어준 적이 있나요?(아이들의 경험을 물어본다.)

"저는 주일마다 예수님께 헌금을 드려요."

"저는 용돈을 모아서 십일조랑 감사헌금을 드려요."

"저는 크리스마스 때가 되면 길거리의 빨간 냄비에 불우이웃돕기 성금을 내요."

"저는… 음… 예수님을 사랑하는 제 마음을 드려요."

아하! 그렇군요. 예수님은 여러분이 정성껏 드리는 그 모든 것들을 기쁘게 받으세요. 여러분, 오늘 예수님께서 이루신 오병이어의 기적을 보면서 무슨 생각을 했나요? 사람들처럼 "예수님 진짜 대단하시다!" "예수님 완전 짱이야!" 이렇게 생각했나요?

그런데 또 중요한 사실이 있어요. 누가 보리떡 다섯 개와 물고기 두 마리를 예수님께 드렸죠? (대답을 들은 후) 네. 이름 없는 한 아이가 예수님께 드렸죠. 많은 사람들이 그곳에 있었지만 자신의 것을 예수님께 드린 사람은 이 아이밖에 없었어요. 이 아이는 배고픈 것도 참고, 자기가 먹고 싶은 것도 참고, 자기 도시락을 예수님께 아낌없이 드렸어요. 이처럼 우리가 예수님께 드리는 작은 정성과 헌신이 큰 기적을 일으킬 수 있어요. 작고 보잘 것 없다고 생각되는 것이라도 예수님을 사랑하는 마음으로 정성껏 드리면, 예수님께서 그것을 기쁘게 받으시고 하나님의 일을 이루시는 데 사용하신답니다.

예수님께 작은 도시락을 드린 아이처럼 여러분은 예수님께 무엇을 드릴 수 있을까요? (100원짜리 동전을 보여 주며) 여기 100원짜리 동전이 있어요. 100원짜리로 무엇을 살 수 있을까요? (대답 듣고) 요즘에는 물가가 하도 올라서 100원으로 살 수 있는 게 별로 없는 것 같아요. 그런데 이 작은 100원짜리 동전들이 많이 모이면 엄청난 일들을 할 수 있어요. 이 작은 100원짜리 동전으로 죽어가는 생명을 살리고, 배고픈 사람들에게 먹을 것을 주고, 공부도 시켜줄 수 있고, 집도 지어줄 수 있어요. 어떻게요? 바로 이것으로 할 수 있어요. (월드비전의 '사랑의 빵' 저금통을 보여준다.) 이 '사랑의 빵'에 동전을 모아서 갖다 주면 죽어가는 어린이들의 생명을 살리고 어려운 이웃을 돕는 일에 사용된대요. 여러분에게 100원짜리 동전은 보잘것없고 하찮은 것이지만 어려움을 겪고 있는 누군가에게는 생명을 살리고 고난을 이겨낼 수 있게 해 주는 큰 기적이 될 수도 있답니다.

한 아이가 자기의 작은 도시락을 드려 예수님을 기쁘시게 하고 많은 사람들을 배불리 먹게 했던 것처럼, 여러분도 여러분의 작은 정성을 모아 예수님을 기쁘시게 하고, 어려운 이웃을 도와주고, 생명을 살리는 기적에 동참하는 친구들이 되기를 바랍니다. (월드비전의 '사랑의 빵' 외에 굿네이버스, 100원회 등도 100원짜리 동전을 모아 생활이 어려운 이웃을 돕고, 소년소녀 가장 아이들에게 장학금을 주고 후원하는 일들을 하고 있다. 각 교회에서 상황에 맞게 선택하여 아이들과 함께 참여해 본다.)

결단의 기도

우리를 먹이고 입히시는 하나님, 우리가 우리의 이웃과 형제 자매를 돌아보게 하시고 그들을 돕고 그들을 위해 봉사하는 사람이 되게 해 주세요. 가난한 사람들을 늘 살피게 하시고 도움이 필요한 사람들을 외면하지 않는 사랑의 사람이 되게 해 주세요. 예수님의 이름으로 기도 드립니다. 아멘.

● 준비물: 100원짜리 동전, 사랑의 빵 저금통(월드비전)

MEMO

선을 행하는 것이 옳아요

말씀 : 마태복음 12장 12~13절

사람이 양보다 얼마나 더 귀하냐 그러므로 안식일에 선을 행하는 것이
옳으니라 하시고 이에 그 사람에게 이르시되 손을 내밀라 하시니
그가 내밀매 다른 손과 같이 회복되어 성하더라

예수님께서 안식일(오늘날의 주일)에 회당에 들어가셨어요. 회당은 유대인들이 성경을 공부하고 예배드리는 곳이에요. 그런데 그곳에 한쪽 손이 마비된 병자가 있었어요. 예수님께서 그를 보시고는 가까이 다가가셨어요. 그러자 회당 안에 있던 사람들이 수군대기 시작했어요.

"뭐야! 무얼 하시려고 그러시지? 안식일에 병자를 고치는 건 율법을 어기는 일인데…."

"그럼. 그랬다가는 당장에 바리새인들에게 고발당할걸."

유대인의 율법에 따르면, 안식일에는 하나님께 예배하는 것 외에 아무 일도 해서는 안 되었죠. 밭에서 일을 하거나 짐을 들고 나르는 일은 물론이고, 음식을 하거나 병을 고치는 일도 하면 안 되었어요. 당시 바리새인들은 이러한 율법을 특히 철저하게 지켰어요. 그런데 자신들이 보는 앞에서 예수님께서 병자에게 다가가자 그들이 예수님을 고발하려고 이렇게 따져 물었어요.

"예수님, 오늘은 안식일입니다. 그런데 안식일에 병 고치는 것이 옳은 일입니까?"

예수님도 그날이 안식일인 것을 알고 계셨어요. 그리고 예수님은 바리새인들이 율법을 핑계 삼아 자신을 고발하려 한다는 것을 아시고 이렇게 말씀하셨어요.

"너희 어떤 사람에게 양 한 마리가 있는데, 그 양이 안식일에 구덩이에 빠지면 구해야 되지 않겠느냐? 그런데 사람은 양보다 더 귀하지 않느냐? 그러니 안식일에 율법을 지키는 것보다 선을 행하는 것이 옳은 것이다."

말씀을 마치신 후 예수님은 그 병자에게 손을 내밀라고 하시고는, 마비된 그의 손을 고쳐주셨어요. 바리새인들은 예수님을 고발하려다가 오히려 예수님께 꾸중만 들었어요. 그들은 밤낮으로 율법을 공부하고, 율법을 철저하게 지키며 살았지만 사람을 귀하게 여기는 마음이 없었어요. 하지만 예수님은 그 무엇보다 사람을 가장 귀하게 여기셨어요. 그래서 회당 안에서 만난 병자를 불쌍히 여기셔서 그냥 내버려두지 않으시고 그의 손을 고쳐주신 거예요.

여러분, 여러분은 주일날 교회에 가서 예배를 드리는 것과 죽어가는 사람을 살리는 것 중 어느 것이 더 중요하다고 생각해요? (대답을 들은 후) 왜 그렇게 생각하죠? 그럼 만약 주일날 교회에 가는 길에 죽어가는 사람을 만난다면 어떻게 해야 할까요? 어떤 친구는 예배시간에 늦지 않으려고 그 사람을 그냥 두고 교회로 갔어요. '누군가 도와주겠지.' 하는 마음으로요. 또 다른 한 친구는 교회에 가는 대신 죽어가는 사람을 데리고 병원으로 갔어요. 예수님은 누구의 행동이 옳다고 하실까요? (대답을 들은 후) 네. 아마 예수님은 예배시간에 늦지 않게 가는 것도 중요하지만 죽어가는 사람의 생명을 살리는 일이 더 중요하다고 말씀하셨을 거예요.

율법보다 더 중요한 것은 사람을 사랑하는 마음, 불쌍한 자에게 선을 베풀고 죽어가는 생명을 살리는 마음이에요. 그것이 바로 율법을 주신 하나님의 뜻이고, 예수님의 사랑이에요. 하지만 바리새인들에게는 그 사랑의 마음이 없었어요. 사람을 귀하게 여기고 병자를 불쌍히 여기는 마음이 없었어요. 오직 율법을 지키는 것만 최고로 여기고, 그래서 그 율법으로 예수님을 고발하려고 했어요. 율법을 아무리 많이 공부하고 철저하게 지킨다고 해도 사람을 귀히 여기시고 사랑하시는 하나님의 뜻을 모르면 아무 소용이 없어요. 하나님 말씀대로 산다는 것은 하나님의 뜻을 알고, 그 뜻대로 사랑을 실천하는 일이에요. 그래서 율법을 지키는 것보다 선한 일을 하는 것이 더 옳은 일이랍니다.

예수님은 여러분도 예수님처럼 선을 행하고 하나님의 말씀대로 살기를 원하세요. 말씀대로 살고 선을 행하기 위해 우리는 어떻게 해야 할까요? 먼저 우리 마음속에 하나님을 사랑하는 마음이 있어야 해요. 또 다른 사람을 귀하게 여기고 사랑하는 마음을 가져야 해요. 하나님을 사랑하고 이웃을 사랑하는 것이 가장 큰 계명이자, 하나님의 뜻이니까요. 두 번째는 자기만 생각하고 자기만 사랑하는 교만과 욕심을 버려야 해요. 자기만 생각하는 사람은 다른 사람을 사랑할 수 없어요. 욕심이 많은 사람은 다른 사람을 위해 선을 행하기 어려워요. 그래서 우리는 교만과 욕심을 버리고 겸손과 섬김의 자세로 선을 행하도록 노력해야 해요. 세 번째는 예수님의 사랑과 불쌍히 여기는 마음을 달라고 기도해야 해요. 사랑의 마음과 불쌍히 여기는 마음이 없으면 바리새인들처럼 율법에 얽매여 살게 되기 쉬워요. 그래서 우리는 예수님처럼 사랑과 긍휼의 마음을 달라고 기도해야 해요. 여러분, 바리새인들처럼 율법에 얽매인 사람이 되지 말고, 예수님처럼 사람을 귀하게 여기고 어려운 이웃을 불쌍히 여기는 마음으로 이웃을 사랑하고 선을 행하며 하나님의 뜻을 이루는 친구들이 되기를 바랍니다.

결단의 기도

하나님, 사랑의 마음이 없으면 아무리 율법을 잘 지켜도 하나님의 뜻을 온전히 행할 수 없다는 것을 깨달았어요. 그래서 율법을 지키는 것보다 선한 일을 하는 것이 옳은 일이라는 것도 깨달았어요. 우리에게 예수님의 사랑의 마음과 긍휼의 마음을 주셔서 우리가 이웃을 사랑하고 선을 행함으로 하나님의 뜻을 온전히 따르며 살아갈 수 있도록 도와주세요. 예수님의 이름으로 기도 드립니다. 아멘.

● 참고말씀: 마가복음 3장 1~6절

MEMO

예수님 안에서 자유를 누려요

말씀 : 요한복음 8장 32절

진리를 알지니 진리가 너희를 자유롭게 하리라

예수님께서 제자들과 함께 유대나라 여러 곳을 다니면서 하나님 말씀을 가르치셨어요. 많은 사람들이 예수님의 말씀을 듣고 예수님을 믿게 되었어요. 어느 날, 예수님께서 유대 사람들에게 이렇게 말씀하셨어요.

"내 말대로 살면 나의 참 제자들이 된다. 너희는 진리를 알게 될 것이며 진리가 너희를 자유롭게 할 것이다."

유대인들은 예수님이 무슨 말씀을 하시는지 이해하지 못했어요. 그들은 자신들이 지금까지 계속 자유롭게 살아왔다고 생각했거든요.

"예수님, 우리는 아브라함의 자손이고, 지금까지 어느 누구의 종이 된 적도 없습니다. 그런데 어째서 그런 말씀을 하세요?"

그러자 예수님께서 이렇게 말씀하셨어요.

"내가 진실로 너희에게 말한다. 너희는 너희가 자유롭다고 말하지만, 누구든지 죄를 지으면 그 사람은 곧 죄의 종이다. 그러므로 하나님의 아들인 내가 너희를 자유롭게 해야만 너희가 참으로 자유롭게 될 것이다."

"예수님, 도대체 무슨 말씀을 하시는 거예요? 우리가 왜 죄의 종이라는 거죠?"

"너희 말대로 나는 너희가 아브라함의 자손인 것을 안다. 그런데 너희가 내 말을 믿지 않기 때문에 하나님의 아들인 나를 죽이려고 하는구나."

예수님은 사람들이 자신의 말을 믿지 않고 배반하여 자신을 죽이게 될 것을 알고 계셨어요. 그리고 그들이 그렇게 하는 이유가 '참 진리'이신 예수님을 모르기 때문인 것도 알고 계셨어요. 그래서 진리이신 예수님을 알고 믿는 사람은 죄에서 벗어나 자유함을 얻게 될 것이라고 말씀하신 거예요.

　여러분, 자유롭다는 것은 어떤 의미인가요? 그것은 남에게 구속을 받거나 무엇에 얽매이지 않고 자기 마음대로 행동하는 것을 뜻해요. 여러분은 지금 자유롭게 살고 있나요? 물론 감옥에 갇힌 죄수들이나 북한 사람들처럼 얽매여 살고 있지 않으니 자유롭다고 생각할 거예요. 그런데 예수님 말씀처럼 이 세상에는 몸만 자유로울 뿐, 보이지 않는 죄에 얽매여 죄의 종으로 살아가는 사람들이 많이 있어요.(죄에 조종 받고 살아가는 삶을 상징하는 영상 '청탁의 조종'을 보여준다.)

　영상에서 본 것처럼 죄는 사람들을 자유롭지 못하게 하고, 죄의 노예로 살게 만들어요. 그래서 거짓말을 하면 또 다른 거짓말을 하게 되고, "딱 한 번인데 어때?" 하며 무단횡단을 하면 계속해서 무단횡단을 하게 되고, 주일에 예배에 빠지고 놀러 가면 주일에 예배에 빠지는 습관이 생겨버려요. 또 친구의 물건을 빌렸다가 어쩌다 "에이, 그냥 내가 가지면 어때?" 하고 돌려주지 않으면 자꾸만 친구의 것을 훔치고 싶고 빼앗고 싶은 마음이 들기도 해요. 이처럼 죄는 나도 모르는 사이에 점점 나를 조종해서 계속해서 죄를 짓게 해요. 그래서 하나님에게서 멀어지게 만들어요.

　여러분, 죄의 노예로 사는 것은 진짜 자유롭게 사는 게 아니에요. 죄를 짓고도 아무렇지 않은 것은 자기가 죄에 조종 당하면서 살고 있다는 것을 모르기 때문이에요. 자신이 죄의 종임을 모르고 자유하다고 착각했던 유대인들처럼 말이에요. 그렇다면 우리가 죄에서 자유로워 질 수 있는 방법은 무엇일까요? 바로 우리를 조종하는 죄의 끈을 끊어버리는 거예요. 죄의 끈을 끊어버릴 수 있는 분은 오직 예수님밖에 없어요. 로마서 8장 1~2절에 이런 말씀이 있어요. "그러므로 이제 그리스도 예수 안에 있는 자에게는 결코 정죄함이 없나니 이는 그리스도 예수 안에 있는 생명의 성령의 법이 죄와 사망의 법에서 너를 해방하였음이라."

　예수님을 믿는 어린이는 더 이상 죄의 종으로 살지 않고 자유함을 누리며 살 수 있어요. 왜냐하면 예수님께서 죄와 죽음을 이기고 부활하셨고, 그런 예수님께서 우리가 죄를 이기도록 도와주시기 때문이에요.

　그렇다면 예수님 안에서 자유함을 누리며 살려면 어떻게 해야 할까요? 우선 예수님을 마음속에 모시고, 믿음으로 영접해야 해요. 그리고 예수님이 나의 죄를 용서하시고, 나를 구원해 주시는 분이라는 사실을 믿어야 해요. 또한 자꾸 죄를 짓게 하는 사탄의 유혹을 이기게 해 달라고 기도해야 해요. 여러분 스스로의 힘으로는 죄와 사탄의 유혹을 이겨낼 수 없기 때문에 항상 기도해야 해요. 마지막으로 항상 성경말씀을 가까이하고, 그 말씀대로 살려고 노력해야 해요. 성경말씀에 죄가 무엇이고, 어떻게 사는 것이 죄에서 멀어지는 삶인지 분명하게 나와 있으니까요.

사랑하는 여러분, 이 세상에 참 진리는 오직 예수님뿐이에요. 죄의 종이 아닌 하나님의 자녀로 여러분을 자유롭게 살게 하시는 분도 오직 예수님밖에 없어요. 여러분 모두 참 진리이신 예수님을 믿고 죄에서 해방되어 자유함을 누리며 사는 친구들이 되기를 바랍니다.

결단의 기도

하나님, 우리를 죄에서 자유롭게 하시는 진리의 예수님을 믿게 해 주셔서 감사합니다. 우리가 더 이상 죄의 노예로 살지 않고, 믿음 안에서 자유함을 누리며 살 수 있게 해 주세요. 사탄의 유혹과 죄의 유혹에 빠지지 않고 말씀대로 살게 해 주세요. 예수님의 이름으로 기도 드립니다. 아멘.

● 참고말씀: 로마서 10장 1~2절

● 준비물: 동영상 '청탁의 조종'(www.eholynet.org 홈페이지에서 다운받으실 수 있습니다.)

MEMO

다시 오실 예수님을 기다려요

말씀 : 사도행전 1장 11절

이르되 갈릴리 사람들아 어찌하여 서서 하늘을 쳐다보느냐 너희 가운데서
하늘로 올려지신 이 예수는 하늘로 가심을 본 그대로 오시리라 하였느니라

2010년에 전 세계의 관심이 집중된 놀라운 사건이 있었어요. 바로 칠레라는 나라에 있는 산호세 광산이 무너지면서 33명의 광부가 지하 700m 깊이의 갱도에 매몰된 사건이에요. 광부들을 구하려고 대대적인 구조작업을 펼쳤지만, 사고가 일어난 지 2주가 지나도록 생존자를 찾지 못했고, 사람들은 점차 절망하기 시작했어요. 그런데 광부들이 매몰된 지 17일째 되던 날, 땅속으로부터 기적적인 소식이 전해졌어요. 구조대의 드릴 끝에 "우리 33인은 모두 무사합니다."라고 쓰인 작은 종잇조각이 걸려 올라온 거예요. 사람들은 광부들이 살아있다는 소식을 듣고 기쁨의 환호성을 질렀어요. 하지만 다른 광산이 붕괴될 수 있었기에 구조작업이 매우 조심스레 이루어졌어요. 그동안 광부들은 지하 700미터의 깊은 땅 속에서 찜통 같은 더위를 견디며, 음식과 물, 공기가 부족한 상태에서 구조를 기다려야만 했어요. 그들은 깜깜한 어둠과 죽음의 두려움 속에서도 침착함을 잃지 않았어요. 음식도 아껴 먹고, 서로를 격려해 주고, 살아서 나갈 수 있을 것이라는 희망을 이야기하며 오랜 시간을 버텼어요. 그들을 기다리던 땅 위의 사람들도 희망을 잃지 않고, 모두가 함께 기도하면서 기다렸어요. 결국 모두의 희망대로 광부들이 무사히 구조되었어요. 사람들의 환호 속에서 가족들과 얼싸안고 기쁨의 눈물을 흘렸어요.

무너진 광산 속에 갇힌 광부들은 어떻게 모두 무사히 살아나올 수 있었을까요? 물론 많은 사람들이 그들에게 관심을 갖고 도와주었어요. 하지만 무엇보다 그들이 살 수 있다는 희망을 포기하지 않았기 때문에 그들 모두가 무사히 살아나올 수 있었던 거예요. 성경에도 그들처럼 희망을 잃지 않고, 믿음으로 살아간 사람들이 있어요. 바로 예수님의 제자들과 초대교회 사람들이에요. 그들은 부활하신 예수님께서 하늘나라로 올라가실 때, 예수님께서 꼭 다시 오실 것이라는 약속의 말씀을 받았어요. 그 약속의 말씀은 초대교회 사람들의 큰 희망이 되었고 예수님과 함께 영원히 천국에서 살 것이라는 소망으로 자라났어요. 그래서 그들은 예수님 때문에 감옥에 갇히고 죽임을 당하면서까지도 끝까지 믿음을 지켰어요. 그리고 예수님을 알지 못하는 사람들에게 열심히 예수님을 전했어요. 이 약속은 예수님을 믿는 우리에게도 가장 소중한 약속이에요. 잊지 말고 기다려야 할 희망의 약속이에요.

여러분, 요즘 여러분이 가장 바라고 기다리는 것은 무엇인가요? 열심히 공부해서 성적이 오르는 건가요? 아니면 생일날 멋진 선물을 받는 건가요? 그것도 아니면 나중에 어른이 돼서 멋지고 훌륭한 사람이 되는 건가요? 무언가 간절히 기다리거나 바라는 희망이 있다는 것은 살아가는 데 있어서 큰 힘이 되지요. 때로는 그 기다림이나 희망이 있기에 힘들고 고생스러워도 참고 이겨낼 수 있어요.

그런데 만약 아무런 희망이나 소망이 없이 그냥 살아간다면 그 삶이 어떨까요?

"전 아무리 열심히 해도 되는 게 없어요."

"전 공부도 못해요. 집도 가난해요. 전 아무런 희망이 없어요."

"희망이요? 글쎄요? 전 미래에 대한 희망 같은 거 생각해본 적 없어요."

희망이 없이 살아가는 사람은 기대하지 않고 쉽게 불평해요. 노력하지 않고 쉽게 포기해요. 믿음에 있어서도 마찬가지에요. 희망이 없는 사람은 믿지 못해서 쉽게 불평하고, 믿음을 쉽게 포기하고 쉽게 잊어버려요. 믿음을 지키고 말씀대로 살기 위해 우리에게도 희망이 필요해요. 바로 초대교회 사람들이 희망으로 굳게 붙잡았던 예수님 다시 오신다는 약속이에요.(이것을 '재림의 약속'이라고 해요.) 우리에게도 이 약속이 가장 소중한 희망의 약속이 되어야 해요. 우리는 이 약속을 절대 잊지 말고 믿음을 지키며 기다려야 해요. 왜냐하면 예수님은 언젠가 반드시 다시 오실 것이니까요.

그렇다면 우리는 다시 오실 예수님을 기다리면서 어떻게 살아가야 할까요? 무엇보다 예수님이 반드시 다시 오실 것이라는 사실을 믿고 기억해야 해요. 또한 어렵고 힘들 때에도 영원한 천국을 소망하면서 믿음으로 살아가야 해요. 두 번째, 다시 오실 예수님을 기다리며 늘 준비하는 마음으로 깨어 기도해야 해요. 예수님이 언제 오실지 아무도 모르기 때문이에요. 세 번째, 초대교회 사람들처럼 예수님을 열심히 전해야 해요. 이것이 다시 오시겠다고 약속하신 예수님께서 믿는 자들에게 주신 마지막 명령이기 때문이에요. 여러분 모두 다시 오실 거라는 예수님의 약속을 믿고, 늘 준비하는 마음으로 깨어 기도하고 기다리는 친구들이 되세요. 또한 다시 오실 예수님을 전하며 믿음으로 살아가는 친구들이 되기를 바랍니다.

결단의 기도

하나님, 부활하신 예수님께서 우리를 위해 다시 오실 거라는 약속을 주셔서 감사드려요. 예수님이 다시 오실 때까지 그 약속을 잊지 않고 기다리는 주님의 자녀가 되게 해 주세요. 또한 준비하는 마음으로 늘 깨어 기도하게 하시고, 우리의 희망으로 다시 오실 예수님을 전하며 믿음으로 살아가게 도와주세요. 예수님의 이름으로 기도 드립니다. 아멘.

● 참고말씀: 마태복음 24장 42∼44절

MEMO

변화의 주인공이 될래요

말씀 : 로마서 12장 2절

너희는 이 세대를 본받지 말고 오직 마음을 새롭게 함으로 변화를 받아
하나님의 선하시고 기뻐하시고 온전하신 뜻이 무엇인지 분별하도록 하라

　여러분, 혹시 류태영 박사님을 아세요? 이분은 1970년대에 새마을 운동으로 우리나라를 놀랍게 변화시키신 분이랍니다. 오늘 여러분에게 이분의 삶을 소개하려고 해요. 류태영 박사님은 한 농촌에서 가난한 머슴의 아들로 태어났어요. 어려서부터 집이 너무너무 가난해서 먹을 것이 없었대요. 그래서 너무너무 배가 고플 때에는 산에 있는 소나무 껍질을 벗겨 먹고, 칡뿌리를 캐서 먹으며 주린 배를 채웠대요. 또 학교에 갈 돈이 없어서 18살이라는 늦은 나이에 겨우 중학교를 졸업했다고 해요. 더 공부를 하고 싶었던 박사님은 홀로 서울에 올라와 구두닦이, 아이스크림 장사 등을 하면서 열심히 공부했어요. 박사님은 너무너무 힘들고 어려웠지만 박사님 안에 계신 예수님 때문에 이 어려운 시기를 버텨낼 수 있었다고 해요. 그리고 박사님에게는 꿈이 있었어요. "하나님, 저처럼 가난한 사람들, 가난한 농촌을 위해 일하고 싶어요." 박사님은 이런 꿈을 가지고 하나님께 기도했어요. 배고픈 것도 참고, 힘든 구두닦이 생활도 견디면서 포기하지 않고 자신의 꿈을 키워나갔죠.

　그러던 어느 날, 박사님이 덴마크 국왕에게 편지를 써서 보냈어요. 박사님은 덴마크 국왕을 알지도 못하고 덴마크에 가 본 적도 없지만, 당시 덴마크가 농업이 잘 발달한 나라였다는 것을 잘 알고 있었어요. 그래서 그곳에 가서 공부하고 싶다고 덴마크 국왕에게 무작정 편지를 쓴 거예요. 박사님은 서툰 영어로 편지 겉봉투에 이렇게 썼어요. '프레드릭 9세 국왕. 코펜하겐. 덴마크.' 주소도 없었어요. 과연 이 편지가 덴마크 국왕에게 전달되었을까요? 놀랍게도 편지를 부친 지 40일이 지나서 박사님에게 한 통의 편지가 날아들었어요. 덴마크 국왕 보좌관이 보낸 것이었어요. 또 며칠 후에 덴마크 외무성으로부터 또 한 통의 편지가 도착했는데, 그 편지 안에는 왕복 비행기 표가 들어 있었어요. 와우! 기적이 일어난 거예요. 가난한 구두닦이 소년이 그렇게 덴마크 국왕의 초청을 받아 그곳으로 유학을 떠나 그렇게도 하고 싶었던 공부를 하게 되었어요. 박사님은 열심히 덴마크의 농업 기술을 배우고 우리나라로 돌아왔어요. 그리고 앞에서 말했던 새마을 운동을 통해 우리나라를 놀랍게 변화시킨 인물이 되셨답니다.

여러분, 여러분에게도 이루고 싶은 꿈이 있나요?(아이들에게 물어본다.)

"저는 유명한 축구선수가 되고 싶어요."

"저는 최고로 인기 있는 연예인이 되고 싶어요."

"저는 똑똑하고 유능한 박사님이 되고 싶어요."

"저는 커다란 호텔에서 일하는 요리사가 되고 싶어요."

"저는 조수미 같은 세계적인 성악가, 이루마 같은 피아니스트가 되고 싶어요."

"그런데 저는요…. 아무런 꿈이 없어요. 하고 싶은 것도 없고요. 그냥 대충 살죠, 뭐."

우리는 누구나 꿈을 가질 수 있고, 그 꿈을 통해 반짝반짝 빛나는 사람이 되고 싶어 해요. 하지만 그 꿈이 나만을 위한 것이라면 세상을 변화시킬 수 없어요. 또한 꿈을 꾸지 않고, 꿈을 키워나가지 않는 사람도 세상을 변화시킬 수 없어요. 예수님을 믿는 여러분은 자기 자신만을 위한 꿈이 아닌 다른 사람과 세상을 변화시킬 수 있는 꿈을 가져야 해요. 또한 주어진 현실을 원망하며 아무런 꿈도 꾸지 않거나 꿈을 포기하지 말고, 자신이 할 수 있는 일이 무엇일까를 생각하면서 자신만의 꿈을 만들어가야 해요. 그렇게 할 때, 여러분은 세상을 아름답게 변화시키고 그 속에서 반짝반짝 빛나는 변화의 주인공이 될 수 있어요.

예수님은 여러분 각자가 그런 변화의 주인공이 되기를 원하세요. 변화의 주인공이 되려면 어떻게 해야 할까요? 첫째, 예수님을 만나야 해요. 예수님을 믿고 예수님을 내 삶의 주인으로 모셔 들여야 해요. 함께 고백해 볼까요? "예수님은 내 삶의 주인이세요. 예수님을 통해 내가 변화될 수 있어요." 둘째, 꿈을 가지고 기도해야 해요. 류태영 박사님처럼 어려운 생활 속에서도 포기하지 않고 예수님을 의지하며 꿈을 키워나가면 놀라운 변화의 주인공이 될 수 있어요. 꿈이 있는 친구는 예수님께 그 꿈을 이루어달라고 기도하세요. 꿈이 없는 친구는 예수님께 멋진 꿈, 하나님이 기뻐하시는 꿈을 달라고 기도하세요. 세 번째, 내가 먼저 변화되도록 노력해야 해요. 류태영 박사님도 꿈을 이루고 변화의 주인공이 되기 위해 끊임없이 노력하고 도전하셨어요. 먼저 내가 변화되려고 노력하지 않으면서 저절로 꿈이 이루어지기만 바라면 안돼요. 하나님이 원하시는 꿈을 이루려면, 내가 먼저 변화되고 그 꿈을 이루기 위해 열심히 노력해야 해요.

사랑하는 여러분, 지금 우리가 사는 세상은 매일매일 빠르게 변화하고 있어요. 하지만 예수님은 여러분이 세상을 따라가는 것이 아니라 세상을 아름답게 변화시키기를 원하세요. 여러분 각자가 예수님을 믿고, 예수님과 함께하며, 꿈을 가지고 그 꿈을 이루기 위해 노력하여 세상을 변화시키고 반짝반짝 빛나는 변화의 주인공이 되기를 바랍니다.

결단의 기도

하나님, 우리도 류태영 박사님처럼 세상을 멋지게 변화시키는 변화의 주인공이 되고 싶어요. 예수님께서 내 삶의 주인이 되어 주시고, 늘 함께해 주세요. 우리에게 꿈을 주시고, 우리가 꿈을 포기하지 않고 노력하게 도와주세요. 그리고 예수님을 통해 우리가 먼저 변화되게 해 주세요. 예수님의 이름으로 기도 드립니다. 아멘.

● 준비물: 새마을 노래 동영상 "새벽종이 울렸네"를 설교 도입 부분에서 들려준다.

MEMO

복 있는 자녀로 살아가요

말씀 : 마태복음 5장 1~12절

예수께서 무리를 보시고 산에 올라가 앉으시니 제자들이 나아온지라
입을 열어 가르쳐 이르시되 심령이 가난한 자는 복이 있나니 천국이 그들의
것임이요 애통하는 자는 복이 있나니 그들이 위로를 받을 것임이요
온유한 자는 복이 있나니 그들이 땅을 기업으로 받을 것임이요
의에 주리고 목마른 자는 복이 있나니 그들이 배부를 것임이요
긍휼히 여기는 자는 복이 있나니 그들이 긍휼히 여김을 받을 것임이요
마음이 청결한 자는 복이 있나니 그들이 하나님을 볼 것임이요
화평하게 하는 자는 복이 있나니 그들이 하나님의 아들이라 일컬음을
받을 것임이요 의를 위하여 박해를 받은 자는 복이 있나니 천국이 그들의
것임이라 나로 말미암아 너희를 욕하고 박해하고 거짓으로 너희를 거슬러
모든 악한 말을 할 때에는 너희에게 복이 있나니 기뻐하고 즐거워하라
하늘에서 너희의 상이 큼이라 너희 전에 있던 선지자들도 이같이 박해하였느니라

예수님은 이 세상에 사시는 동안 가난한 자, 외로운 자, 병든 자, 따돌림 받는 자들의 친구가 되어주셨어요. 또 희망이 없이 살아가는 사람들에게 하나님 나라의 소망을 갖게 해 주셨어요. 그래서 많은 사람들이 예수님을 따르게 되었고, 예수님의 말씀을 듣고 싶어 했어요. 어느 날, 예수님께서 제자들과 함께 산으로 가신다는 소문을 듣고 많은 사람들이 몰려들었어요.

"예수님께서 산으로 올라가셨대. 우리도 함께 가 보자."

"그러자. 난 예수님 말씀이 정말 좋아. 오늘은 또 어떤 말씀을 해 주실까?"

"우리에게 풍성한 양식과 축복의 말씀을 해 주시지 않을까? 정말 기대된다."

"나도 그래. 예수님은 능력이 많으시니까 우리를 많이 많이 축복해 주시면 좋겠어."

사람들은 잔뜩 기대하는 마음으로 예수님을 바라보았어요. 드디어 예수님의 말씀이 시작되었어요.

"마음이 가난한 사람은 복이 있다. 천국이 그들의 것이다. 또한 슬퍼하는 자들이 위로를 받을 것이다."

사람들은 깜짝 놀랐어요. 지금까지 부자들만 축복을 받는 줄 알았는데, 그게 아니래요.

자신들이 가난 때문에 불행하다고 생각했었는데, 그게 아니래요. 가난한 사람도 복을 받고 천국에 들어갈 수 있대요. 슬퍼하는 자도 위로해 주신대요.

예수님은 천국의 복뿐만 아니라 땅의 복에 대해서도 말씀하셨어요.

"온유한 사람은 복이 있다. 그들이 땅을 기업으로 받을 것이다."

정말인가요, 예수님? 세상 사람들은 서로 자기가 더 가지려고 욕심을 부리는데, 마음이 착한 사람이 복을 받는대요. 또 서로 높은 자리에 올라가려고 남을 미워하고 다투기도 하는데, 하나님 뜻대로 착하게 사는 사람들이 복을 받는대요. 그뿐이 아니에요. 예수님은 계속해서 다른 사람을 불쌍히 여기고, 마음이 깨끗하고, 평화롭게 사는 사람들이 복을 받는다고 말씀하셨어요. 또 예수님 때문에 어려움을 당하는 사람들이 천국에 가면 큰 상을 받을 것이라고도 말씀하셨어요. 우와! 감동이에요. 사람들은 예수님의 말씀을 듣고 그 마음속에 기쁨이 차오르기 시작했어요. 가고 싶은 하나님 나라에 대한 소망이 생겨났어요. 자기들도 예수님을 믿고 말씀대로 살면 참으로 복 있는 사람이 될 수 있다는 것을 깨달았어요.

여러분, 여러분은 지금까지 어떤 사람이 복 있는 사람, 행복한 사람이라고 생각했나요?

돈 많은 부자로 사는 사람인가요? 좋은 집, 좋은 옷, 좋은 차를 타고 다니는 사람인가요? 갖고 싶은 것을 갖고, 게임도 실컷 하고, 공부도 안 하고 마음대로 놀러 다니는 사람인가요? 아니면 사람들에게 인기 있고, 높은 자리에 있는 사람인가요? 그것도 아니면 세상에서 최고로 멋지고 아름다운 외모를 가진 사람인가요?

세상 사람들은 자기가 최고가 되고 싶어 하고, 많이 가지려고 발버둥을 쳐요. 또 남보다 높은 자리에 앉고 싶어 하고, 자기가 세상의 주인공이 되고 싶어 해요. 그렇게 하면 복을 받을 줄 알고, 행복해질 거라고 생각해요. 하지만 그것은 진짜로 행복한 게 아니에요. 왜냐하면 돈과 명예, 능력과 외모, 인기는 언젠가 없어지거나 변하기 때문이에요. 그런 것들은 영원하지 않기 때문이에요. 하지만 예수님이 주시는 복은 없어지거나 변하지 않는 축복이에요. 예수님을 믿는 사람들에게 주어지는 천국의 소망은 영원한 거예요. 그러므로 예수님을 믿는 우리는 진짜 복이 무엇인지 알고, 그 복을 꿈꾸며 살아가야 해요. 세상의 헛된 복이 아니라 영원한 하나님 나라의 축복을 누리는 복 있는 자녀로 살아가야 해요.

사랑하는 여러분, 여러분은 예수님이 말씀하신 복 있는 사람, 복 있는 자녀로 살아가고 싶지 않은가요? 그렇다면, 예수님을 믿으세요. 예수님께서 약속하신 축복을 믿고 예수님을 따라가세요. 더 많이 가지려고 욕심 부리지 말고, 남에게 베풀고 나누면서 살아가세요. 자기만 생각하고 남을 미워하지 말고, 서로 서로 사랑하면서 살아가세요. 높은 자리에 앉고, 인기를 얻으려고만 하지 말고, 예수님께 사랑 받는 자녀가 되세요. 겉으로 보이는 외모만 꾸미지 말고, 아름다운 마음과 믿음을 키워 나가세요. 이 땅에서 잘 사는 것만을 최고라고 여기지 말고, 영원한 하나님 나라를 소망하며 살아가세요.

여러분 모두 예수님이 약속하신 축복을 꿈꾸고 누리는 복 있는 자녀, 또 영원한 하나님 나라를 소망하며 살아가는 복 있는 자녀가 되기를 바랍니다.

결단의 기도

하나님, 진짜로 복 있는 사람은 세상에서 잘 살고, 많이 가지고, 인기 있는 사람이 아니라 예수님을 믿고, 말씀대로 살아가는 사람이라는 것을 알게 해 주셔서 감사드려요. 예수님을 믿는 우리 모두가 세상의 헛된 복을 꿈꾸지 말고 예수님이 약속하신 복 있는 자녀, 영원한 하나님 나라를 소망하며 살아가는 복 있는 자녀가 되게 해 주세요. 예수님의 이름으로 기도 드립니다. 아멘.

MEMO

우리는 예수님의 몸이에요

말씀 : 고린도전서 12장 26~27절

만일 한 지체가 고통을 받으면 모든 지체가 함께 고통을 받고
한 지체가 영광을 얻으면 모든 지체가 함께 즐거워하느니라
너희는 그리스도의 몸이요 지체의 각 부분이라

(제시된 그림 자료를 보여 주며) 이 사람은 아주 이상한 병에 걸렸어요. 온 몸에 감각이 없고, 손가락 발가락 마디가 떨어져 나가도 아픈 것을 못 느껴요. 무슨 병에 걸렸을까요? 온 몸을 붕대로 칭칭 감고 있는 이 사람은 바로 한센병에 걸린 사람이에요. 한센병은 나균이라는 균에 의해 감염되는 만성 전염성 병이에요. 과거에는 문둥병이라고 부르기도 했어요. 이 병에 걸리면 피부와 근육에 이상이 나타나고, 점점 몸이 무감각해진대요. 뜨거운 것, 차가운 것, 아픈 것과 같은 감각을 못 느끼게 되는 거죠. 그러다가 손가락이나 발가락이 하나씩 떨어져 나가기도 하고, 병균이 눈 속에 들어가서 앞을 못 보게 되기도 하고, 심하면 사망할 수도 있어요. 여러분! 이상하지 않아요? 건강한 사람들은 손가락을 살짝 베이거나 조그만 상처가 나도 아파서 어쩔 줄 모르는데 손가락, 발가락이 떨어져 나가도 아프지 않다니 말이에요.

우리 몸은 머리에서부터 발끝까지 모든 신경과 조직이 하나로 연결되어 있어요. 그래서 우리 몸 어느 한쪽이 아프거나 이상이 생기면 온 몸이 함께 아픔을 느끼게 되는 거죠. 그런데 성경에 보니까 예수님을 믿는 사람들이 모인 교회를 '그리스도의 몸'이라고 말하고 있어요. 그럼 교회의 머리는 누구일까요? 네. 예수님이에요. 우리 몸은 어떤가요? 우리 몸은 머리, 가슴, 배, 팔과 다리 등 여러 부분으로 이루어져 있어요. 마찬가지로 교회에도 남자, 여자, 어린이, 어른, 노인, 잘사는 사람, 가난한 사람 등 여러 다른 사람들이 함께 모여 있어요. 또 우리 몸은 머리가 내리는 명령에 따라 움직여요. 가라고 하면 가고, 멈추라고 하면 멈추고, 세수해라 하면 세수를 하고, 배가 고프다고 하면 밥을 먹어요. 마찬가지로 교회도 머리이신 예수님의 명령을 따르고 순종해야 해요. 또 우리 몸은 어떤가요? 온 몸이 하나의 신경으로 연결되어 아주 작은 상처가 나도 온 몸이 아픔을 느끼게 돼요. 예수님의 몸인 우리도 마찬가지예요. 우리 중 누군가가 아프면 모두가 함께 아파해야 해요. 또 우리 중 누군가에게 좋은 일이 생기면 모두가 함께 즐거워해야 해요. 왜냐하면 우리는 바로 예수님의 몸, 예수님의 명령을 따르는 그리스도의 몸이기 때문이에요.

여러분은 어떤가요? 우리 교회의 누군가 아파하고 힘들어 하는 것을 보고 그와 함께 아파하고 위로해준 적이 있나요? 아니면 우리 교회의 누군가에게 기쁜 일이 생겼을 때 시기하거나 질투하지 않고 함께 기뻐하고 축하해준 적이 있나요?

"우리 교회 OO(이)가 아파서 교회에 못 나온 적이 있었는데, 우리 반 친구들이 함께 병문안을 가서 위로해 주었어요."

"우리 반 OO(이)가 성경경시대회에서 상을 받았는데, 우리 친구들이 모두 함께 칭찬하고 축하해 주었어요."

"엄마랑 같이 우리 교회 혼자 사시는 할머니 권사님께 가서 음식을 나누어 드리고 왔어요."

그래요. 참 잘했어요. 그게 바로 예수님의 한 몸인 우리가 보여주어야 할 모습이에요.

그런데 만약 우리 교회의 누군가가 아파하거나 힘들어 할 때 아무도 관심을 갖지 않고 돌아보지 않는다면, 그것은 마치 몸의 감각이 마비되어 아파도 아픈 줄 모르고, 몸의 일부가 떨어져 나가도 고통을 못 느끼는 한센병 환자와 같아요. 예수님은 예수님의 한 몸, 예수님을 믿는 한 가족으로서 함께 아파하고 함께 기뻐하라고 우리에게 말씀하세요. 아픔이나 어려움을 겪는 친구나 교회 가족들을 위로하고 사랑으로 보살피라고 말씀하세요. 예수님의 마음, 예수님의 사랑으로 그들을 바라보고 품어주라고 말씀하세요. 그렇게 하는 것이 우리의 머리이신 예수님의 명령을 따르는 것이고, 예수님의 몸 된 우리가 마땅히 해야 할 일이니까요.

이제 날씨가 점점 추워지고 있어요. 추운 겨울이 오면 더 힘들고, 더 외롭고, 더 아파하는 사람들이 우리 교회 안에도 있어요. 우리가 어떻게 그들에게 다가갈 수 있을까요? 어떻게 도와줄 수 있을까요? 무엇보다 우리는 서로에게 관심을 갖고 서로를 돌아보아야 해요. 함께 아파해 주어야 할 친구가 있는지, 위로해주고 사랑으로 돌봐주어야 할 사람은 없는지 살펴보아야 해요. 또한 그들에게 필요한 것이 무엇인지, 힘든 것이 무엇인지 찾아보아야 해요. 그들에게 위로가 필요하다면 함께 있어주어야 해요. 그들에게 추위를 막아줄 옷이나 따뜻한 음식이 필요하다면 나누어 주어야 해요. 그들에게 격려가 필요하다면 힘내라고 말해 주고, 할 수 있다고, 용기를 내라고 응원해 주어야 해요. 여러분 모두가 우리를 사랑하시는 예수님의 한 몸인 것을 기억하고, 힘든 일이든 좋은 일이든 서로가 함께 아파하고 함께 즐거워하는 친구들이 되기를 바랍니다. 또한 따뜻한 관심과 사랑으로 서로를 돌아보고, 사랑을 나누어주고, 용기를 북돋아주는 친구들이 되기를 바랍니다.

결단의 기도

사랑의 하나님, 우리는 모두 다 생김새도 다르고, 사는 곳도 다르고, 좋아하는 것도 다르지만 예수님을 믿는 믿음으로 하나 된 예수님의 몸이에요. 예수님의 한 몸인 우리가 서로에게 따뜻한 관심을 갖고, 함께 아파하고, 함께 기뻐하고, 서로 사랑으로 돌보면서 살아가게 해 주세요. 예수님의 이름으로 기도 드립니다. 아멘.

MEMO

소망으로 예수님을 기다려요

말씀 : 마태복음 1장 21~22절

아들을 낳으리니 이름을 예수라 하라 이는 그가 자기 백성을
그들의 죄에서 구원할 자이심이라 하니라 이 모든 일이 된 것은
주께서 선지자로 하신 말씀을 이루려 하심이니

성경에는 아주 오래된 기다림에 대한 이야기가 있어요. 이스라엘 민족은 오랫동안 나라를 잃고, 바벨론과 앗수르의 포로가 되어 힘겨운 삶을 살았어요. 그 후에 이스라엘 백성들은 포로생활에서 해방되었지만, 나라를 다시 찾은 기쁨도 얼마 느껴보지 못한 채 또 다시 로마제국의 지배를 받게 되었어요. 오래도록 다른 나라의 지배를 받는 동안 이스라엘 백성들은 간절한 소망을 갖게 되었어요. 그것은 바로 하나님께서 보내주시겠다고 약속하신 구원의 메시아였어요. 하지만 아무리 기다려도 메시아가 오시지 않자, 그 약속에 대한 믿음도 점점 약해져만 갔어요. 어떤 사람들은 "하나님이 우리를 버리셨어." 하며 절망에 빠졌고, 어떤 사람들은 죄를 짓고 우상을 섬기거나 로마의 앞잡이가 되기도 했어요.

그런데 그 중에는 여전히 하나님의 약속을 잊지 않고 기다리는 사람들도 있었어요. 그 중에 한 사람이 바로 예루살렘에 살던 시므온 할아버지예요. 그는 의롭고 경건한 사람이었어요. 그래서 그리스도를 보기 전에는 시므온이 절대 죽지 않을 거라고 성령님께서 말씀해 주셨어요. 시므온 할아버지는 그 말씀을 믿고 메시아가 오시기만을 기다렸어요. 다른 사람들처럼 절망하거나 포기하지 않고, 하나님이 약속하신 메시아가 오셔서 이스라엘을 구원해 주실 거라고 믿었어요. 그 소망 때문에 오랜 시간 동안 '하나님, 우리를 구원해 주실 것을 믿습니다.'라고 기도하면서 하나님의 약속을 기다릴 수 있었어요.

메시아를 간절히 기다리던 한 사람이 또 있어요. 안나 할머니에요. 안나 할머니는 결혼한 지 7년 만에 과부가 되었어요. 그녀도 예수님을 만날 수 있을 거라는 소망을 품었어요. 그래서 안나 할머니는 평생 동안 성전을 떠나지 않고 예배하고, 예루살렘을 위해 기도하며 하나님의 약속을 기다렸어요.

　마침내 시므온과 안나의 소망이 이루어졌어요. 이스라엘을 구원해 주실 메시아 예수님이 이 땅에 오신 거예요. 시므온과 안나는 성전에서 부모의 품에 안겨 들어오는 아기 예수님을 만났어요. 그리고 그 아기가 하나님이 약속하신 이스라엘의 구원자가 되실 분임을 한눈에 알아보았어요. 그들은 아기 예수님을 보내주신 하나님께 감사하며 찬양했어요. 그리고 기쁜 마음으로 다른 사람들에게도 예수님에 대해 이야기해 주었어요.

　우리도 살면서 무언가를, 혹은 누군가를 기다리며 살아가곤 하지요. 여러분은 무엇을 기다릴 때 가장 행복한가요? 또 누구를 기다릴 때 가장 행복한가요? 시험 끝나는 날을 기다릴 때인가요? 아니면 겨울방학을 기다릴 때인가요? 아니면 선물을 기다릴 때인가요?

　여러분은 사랑하는 사람(엄마 아빠, 친구 등)을 기다릴 때 가장 행복한가요? 또는 선물을 주러 오는 사람을 기다릴 때 가장 행복한가요? 아니면 성탄절의 아기 예수님을 기다릴 때 가장 행복한가요?

　무언가를, 혹은 누군가를 행복하게 기다릴 수 있는 것은 그 기다림 속에 소망이 있기 때문이에요. 하지만 여러 가지 기다림 중에서도 가장 크고 소중한 기다림은 바로 아기 예수님을 기다리는 기다림이랍니다. 예수님을 기다리는 사람은 그 마음속에 믿음과 소망이 있기 때문에 항상 행복해요. 시므온과 안나가 오랜 시간 동안 예수님을 기다릴 수 있었던 것도 마음속에 약속에 대한 믿음과 구원의 소망이 있었기 때문이에요. 그 믿음과 소망은 바로 예수님이 우리를 구원하시려고 이 땅에 오시는 분이기 때문에 더욱 특별해요. 그래서 우리는 해마다 성탄절이 가까워오면 그 믿음과 소망을 품고 아기 예수님의 탄생을 기다리는 거예요.

　지금은 우리를 구원하시기 위해 이 땅에 오시는 아기 예수님을 기다리는 대강절 기간이에요. 우리는 어떤 마음으로 아기 예수님을 기다려야 할까요? 먼저, 믿음으로 기다려야 해요. 예수님이 우리를 구원하신 구세주이심을 믿는 마음으로 아기 예수님을 기다려야 해요. 또한 감사함으로 기다려야 해요. 예수님이 약속대로 오신 것을 감사하는 마음으로 기다려야 해요. 마지막으로 소망의 마음으로 기다려야 해요. 예수님이 처음 이 땅에 오실 것이라는 약속을 이루신 것처럼, 우리를 천국으로 인도하기 위해 언젠가 다시 오실 것을 소망하는 마음으로 기다려야 해요. 여러분 모두가 믿음과 감사와 소망의 마음으로 아기 예수님을 기다리며 기쁘고 행복하게 대강절을 보내기를 바랍니다.

결단의 기도

하나님, 우리를 구원하시기 위해 이 땅에 아기 예수님을 보내주셔서 감사드려요. 또한 가장 크고 소중한 기다림은 아기 예수님을 기다리는 기다림이라는 것을 깨닫게 해 주셔서 감사드려요. 시므온과 안나가 하나님의 약속을 믿고 기다렸던 것처럼 우리도 믿음과 감사와 소망의 마음으로 아기 예수님을 기다리며 하루하루 행복하게 지낼 수 있게 도와주세요. 예수님의 이름으로 기도 드립니다. 아멘.

● 참고말씀: 누가복음 2장 25~38절

MEMO

예수님께서 나 때문에 고난 받으셨어요

말씀 : 마태복음 26장 75절

이에 베드로가 예수의 말씀에 닭 울기 전에 네가 세 번 나를 부인하리라
하심이 생각나서 밖에 나가서 심히 통곡하니라

여기는 예수님과 제자들이 마지막으로 함께 저녁식사를 하려고 모인 곳이에요. 이제 내일이면 예수님께서 모든 사람의 죄를 대신해서 십자가에 달려 죽으셔야 해요. 예수님은 자신이 겪게 될 고난과 그로 인해 뿔뿔이 흩어지게 될 제자들에 대해 생각하니 너무 마음이 아프셨어요. 잠시 후, 물끄러미 제자들을 바라보시던 예수님께서 슬픈 목소리로 말씀하셨어요.

"오늘 밤, 너희는 나를 모두 버릴 것이다."

'우리가 예수님을 버린다고? 설마 그럴 리가!'

제자들은 깜짝 놀라 서로를 쳐다보며 웅성거렸어요. 그때, 성격 급한 베드로가 나섰어요.

"예수님, 다른 제자들은 몰라도, 저는 주님을 절대로 버리지 않을 것입니다. 저는 끝까지 주님을 따르겠습니다!"

베드로는 자신이 예수님을 배신한다는 것을 상상할 수도 없었기에 자신만큼은 절대 그러지 않을 것이라 확신했어요. 그런데 그런 베드로에게 예수님께서 더 충격적인 말씀을 하셨어요.

"베드로야, 닭이 울기 전, 너는 세 번이나 나를 모른다고 부인할 것이다."

"아뇨! 절대 그런 일은 없을 거예요, 예수님!"

베드로는 펄펄 뛰면서 거듭 아니라고 부인했어요. 다른 제자들도 마찬가지였어요. 예수님은 왜 그런 말씀을 하셨을까요? 그렇게 자신 있게 말한 베드로는 정말 끝까지 예수님을 따랐을까요?

여러분, 이곳 분위기가 이상해요. 칼과 몽둥이를 든 사람들이 예수님을 둘러싸고 있어요. 아! 결국 사람들이 예수님을 잡으려고 온 거예요. 그때 베드로가 칼을 빼어 예수님을 지키려고 했어요. 하지만 예수님께서 그렇게 하지 말라고 막으시고는 아무 저항도 하지 않으신 채 끌려가셨어요. 제자들은 어떻게 했을까요? 그래요. 예수님이 말씀하신 대로 모두가 예수님을 버리고 도망치고 말았어요. 자기도 잡힐까봐 무서웠기 때문이죠. 그럼 절대 예수님을 버리지 않겠다고 큰소리쳤던 베드로는 어떻게 했을까요? 베드로는 끌려가시는 예수님을 버려두고 도망갈 수가 없었어요. 그래서 멀리서 예수님을 따라갔어요. 그리고는 대제사장의 집 안으로 들어가 사람들 틈에서 불을 쬐며 분위기를 살피고 있었어요. 그때, 한 여종이 다가와 물었어요.

"당신 혹시 예수와 함께 있던 사람 아닌가요?"

"뭐…뭐요? 나는 그 사람을 알지 못합니다."

"맞아요. 이 사람, 예수와 함께 있던 사람이에요."

"나…난 아니요. 아니란 말이요."

그런데 또 얼마 후 누군가 베드로가 예수님과 함께 있던 자가 틀림없다고 이야기하자, 베드로가 크게 소리쳤어요.

"나는 당신이 도대체 무슨 말을 하는지 모르겠소. 난 예수라는 사람을 모릅니다!"

바로 그때, "꼬끼오~!" 하는 닭울음소리가 베드로의 귀에 들렸어요. 그제서야 베드로는 예수님이 하신 말씀이 생각나서 밖으로 나가 큰소리로 울며 회개했어요.

"예수님! 잘못했어요. 예수님을 절대 버리지 않겠다고, 끝까지 따르겠다고 다짐했는데, 제가 예수님을 배신하고 말았어요. 흑흑흑…. 예수님, 저를 용서해 주세요. 저는 죄인입니다."

누구보다 열심히 예수님을 따랐던 제자 베드로도 두려워서 예수님을 모른다고 세 번씩이나 거짓말했어요. 베드로가 믿음이 없어 보이나요? 베드로가 거짓말쟁이 배신자인 것 같나요? 그렇다면 여러분은 어떤가요? 교회에서는 예수님을 믿고 사랑한다고 고백하겠지만 학교나 학원에서도 당당하게 예수님을 믿는다고 말할 수 있나요? 혹시 예수님을 모르는 친구들이 교회 다닌다고 비웃거나 놀릴까봐 예수님을 모르는 사람처럼 행동하지는 않나요? 주일날 예수님 대신 친구들과 놀러 가는 것을 선택한 적은 없나요? 이런 모습들과 베드로가 예수님을 모른다고 거짓말했던 것이 별반 다르지 않아요. 하지만 예수님은 바로 그런 우리의 죄 때문에 고난 당하시고 십자가에서 돌아가셨어요. 예수님은 우리를 향한 그 사랑 때문에 우리 죄를 대신해서 자신의 생명을 내어주셨어요. 또한 예수님은 자신의 죄를 진심으로 회개하는 사람을 용서해 주세요. 그래서 우리는 이번 한 주간을 예수님의 고난을 기억하는 고난주간으로 지키려고 해요.

우리는 이 고난주간을 어떻게 보내야 할까요? 이번 한 주간 동안 우리를 사랑하시는 예수님, 우리 죄를 대신해서 십자가에 달리신 예수님을 생각하면서 지내도록 해요. 또한 베드로처럼 예수님을 배신한 적은 없는지, 예수님의 마음을 아프시게 한 적은 없는지 생각해 본 후, 예수님께 회개하고 용서해 달라고 기도해요. 그리고 두려움과 부끄러움 때문에 예수님을 모른척 하지 않고 언제 어디서나 당당하게 믿음을 지키며 살아갈 수 있게 해 달라고 기도해요. 비록 큰 실수를 했지만 베드로는 회개하고 용서 받은 후, 다시는 예수님을 배신하지 않고 당당하게 예수님을 전하는 사람이 되었어요. 여러분도 예수님의 고난을 생각하며, 죄를 회개하고 새롭게 되어 언제 어디서나 당당하게 믿음을 지키며 살아가는 친구들이 되기를 바랍니다.

결단의 기도

사랑의 하나님, 예수님을 끝까지 따르겠다 고백하고도 두려워서 예수님을 모른다고 거짓말했던 베드로처럼 예수님의 마음을 아프게 한 우리 죄를 용서해 주세요. 그런 우리 죄 때문에 예수님이 고난 받으시고 십자가에 달려 돌아가셨다는 것을 깨달았어요. 앞으로 어떤 유혹이나 어려움이 있어도 죽기까지 우리를 사랑하신 예수님을 배신하지 않고 당당하게 믿음을 지키며 살아가게 도와주세요. 예수님의 이름으로 기도 드립니다. 아멘.

MEMO

부활의 증인으로 살아가요

말씀 : 요한복음 20장 28~29절

도마가 대답하여 이르되 나의 주님이시요 나의 하나님이시니이다 예수께서
이르시되 너는 나를 본 고로 믿느냐 보지 못하고 믿는 자들은 복 되도다 하시니라

　예수님께서 십자가에서 죽으신 후, 제자들은 문을 꼭 잠그고 숨어있었어요. 자기도 예수님처럼 죽임을 당할까봐 무섭고 두려웠던 거예요. 지금 제자들의 모습은 예수님과 함께 의기양양하게 예루살렘으로 들어오던 때와는 너무나 다른 모습이에요. 이제 그들 곁에는 예수님도 안 계시고, 로마 군인들에게 잡힐까봐 마음대로 돌아다닐 수도 없어요.

　"예수님께서 십자가에서 돌아가셨어. 이제 우리 어떡해야 하지?"

　"예수님처럼 우리도 잡혀가면 어떡해?"

　그런데 그 순간, 믿을 수 없이 놀라운 목소리가 들렸어요.

　"너희에게 평강이 있을지어다."

　그 목소리는 분명 예수님의 목소리였어요. 부활하신 예수님께서 제자들을 찾아오신 거예요.

　"예수님? 정말 예수님이세요?"

　"이럴 수가! 정말로 예수님이 살아나셨군요. 예수님~!"

　그런데 그 기쁘고 감격스러운 자리에 도마라는 제자는 함께 있지 않았어요. 그래서 그는 제자들에게 부활하신 예수님을 만난 사실을 듣고도 믿지 못했어요.

　"난 내 손으로 직접 예수님 손의 못 자국과 창에 찔린 옆구리를 만져보기 전에는 못 믿겠어!"

　그런데 그날부터 8일이 지난 후, 부활하신 예수님께서 다시 제자들에게 나타나셨어요. 그날은 도마도 함께 있었지요. 예수님께서 도마에게 다가가 못 박히신 두 손과 창에 찔린 옆구리를 만져보라고 하셨어요. 도마는 떨리는 손으로 예수님의 두 손과 옆구리를 만져보

앉았어요.

"이제 나를 믿겠느냐? 이제부터 믿음 없는 자가 되지 말고 믿는 자가 되어라!"

예수님은 의심 많고 믿음 없는 도마를 꾸짖지 않으시고, 오히려 그가 스스로 믿을 수 있도록 자신을 보여주셨어요. 도마는 부활하신 예수님을 직접 만나고 나서 의심과 두려움을 완전히 떨쳐 버렸어요. 그리고 기쁨에 찬 목소리로 자신의 신앙고백을 했어요.

"주님! 주님은 나의 주님이시며 나의 하나님이십니다!"

와우! 예수님께 이런 고백을 드린 사람은 도마가 처음이었어요. 그는 이제 더 이상 부활하신 예수님을 의심하지 않고 확실한 믿음을 갖게 되었어요.

여러분, 여러분은 예수님이 부활하셨다는 사실을 확실히 믿나요? 지금도 많은 사람들이 예수님이 어디에 계시느냐며 의심하고 믿지 않으려고 해요. 부활하신 예수님을 의심했던 도마 제자처럼 말이에요. 여러분은 어떤가요? 여러분도 직접 보고 직접 경험한 사실만 믿을 수 있고, 보지 않은 것은 믿을 수 없다고 생각하나요? 부활하신 예수님을 믿으면 예수님처럼 부활하여 영원한 생명을 얻게 될 것이라는 믿음이 있나요?

예수님은 예수님을 보고 믿는 자들보다 보지 않고도 믿는 자들이 더 복되다고 말씀하셨어요. 예수님은 부활하신 후 제자들을 찾아가서 직접 보여주셨어요. 그리고 우리에게도 성경을 통해 분명히 말씀하고 계세요. 예수님께서 우리 죄 때문에 십자가에 달려 돌아가셨고, 우리를 구원하시기 위해 죽음을 이기고 다시 살아나셨다고 말이에요. 그리고 예수님을 믿는 우리도 분명히 예수님처럼 부활하여 영원한 생명을 얻게 될 것이라고 말이에요. 사람들은 죽음을 가장 두려워해요. 하지만 우리는 더 이상 죽음을 두려워할 필요가 없어요. 문을 걸어 잠그고 꼭꼭 숨어 있었던 제자들처럼 움츠리고 있을 필요도 없어요. 예수님이 죽음을 이기시고 부활하셨으니까요.

이제 우리도 도마처럼 부활의 증인으로 살아가야 해요. 우리가 부활의 증인으로 살아가려면 먼저, 예수님이 부활하셨다는 사실을 확실하게 믿어야 해요. 또한 우리도 언젠가 부활하여 영원한 하나님 나라에서 살게 될 것이라는 사실을 믿어야 해요. 그리고 마지막으로, 예수님을 모르고 예수님의 부활을 믿지 않는 사람들에게 예수님의 부활을 전하고, "예수 믿고 천국가자."라고 자신 있게 전할 수 있어야 해요. 다 함께 따라해 볼까요? "예수님은 분명히 부활하셨어요!"(두 번 반복하기) 여러분 모두가 도마처럼 예수님의 부활을 의심하는 믿음 없는 사람이 아닌, 확실하게 예수님의 부활을 믿고 부활을 증거하는 예수님의 제자가 되기를 바랍니다. 아멘.

결단의 기도

하나님, 예수님을 통해 구원 받고 영원한 생명을 얻게 해 주셔서 감사해요. 부활을 믿지 못하고 의심한 도마에게 찾아오셨던 예수님, 제 마음에도 찾아와 주셔서 제가 의심과 두려움을 물리치고 분명한 믿음과 구원의 확신을 갖게 해 주세요. 또한 부활하신 주님의 능력이 나의 능력이 되어 죄를 멀리하고, 부활의 소식을 전하며 살아가게 해 주세요. 예수님의 이름으로 기도합니다. 아멘.

● 참고말씀: 고린도전서 15장 20절

MEMO

날마다 하나님의 은혜에 감사해요!

말씀 : 창세기 22장 14절

아브라함이 그 땅 이름을 여호와 이레라 하였으므로 오늘날까지
사람들이 이르기를 여호와의 산에서 준비되리라 하더라

(제시된 그림 자료를 보여 주며) 이들은 하나님을 잘 믿는 아브라함 가족이에요. 아브라함은 언제나 어디에서나 하나님께 감사하는 마음으로 살았어요. 하나님의 명령으로 갑자기 고향을 떠나 새로운 곳으로 이사를 갔을 때에도, 자녀가 없어 외로울 때에도, 자녀 이삭을 낳았을 때에도 늘 하나님께 감사의 예배를 드렸지요. 왜냐하면 그는 어느 곳을 가든지, 어떤 일이 있든지 하나님이 항상 함께하시고 인도해 주신다는 것을 믿었기 때문이에요. 특히 나이 100살에 오랫동안 기도하며 기다렸던 아들을 얻었을 때, 그는 얼마나 기쁘고 감사했는지 몰라요. 하나님께서 주신 이삭을 키우면서 부부는 얼마나 감사하고 행복했을까요? 친구들도 간절히 원하던 것을 받게 되었을 때 정말 기쁘고 감사하죠? 아브라함과 사라도 이삭을 키우며 매일매일 감사하고 행복한 마음으로 지냈어요. 그런데 부부에게 그만 엄청난 일이 생기고 말았어요. 도대체 무슨 일일까요? 어느 날, 하나님께서 조용히 기도하고 있던 아브라함에게 말씀하셨어요. "아브라함아! 네 아들 이삭을 나에게 번제물로 바치거라." 늘 하나님께 순종하고 감사하며 살아온 아브라함에게 축복의 선물로 주신 아들 이삭을 바치라니요? 도대체 왜요? 그것도 소나 양처럼 칼로 죽여서 제단 위에서 불로 태워 번제로 바치라니요? 어떻게 아버지가 하나밖에 없는 귀한 아들을 번제물로 바칠 수 있겠어요? 아무리 생각해도 하나님의 말씀이 이해가 되지 않아요. 아브라함은 어떻게 해야 할까요?

다음 날 이른 아침, 아브라함이 이삭을 데리고 모리아산으로 올라가고 있어요. 밤새도록 슬퍼하며 고민하던 아브라함이 결국 하나님 말씀에 순종하기로 한 거예요. 그곳에서 제단을 쌓고 이삭을 제물로 드릴 준비를 하는 아브라함의 표정은 슬프고 어두웠어요. 하지만 그는 어떠한 원망도 하지 않았어요. 지금까지 자신에게 주신 모든 것들을 생각하며 그저

묵묵히 하나님의 말씀대로 따를 뿐이었어요. 이삭도 죽기 싫다고 불평하거나 저항하지 않고 아버지가 하는 대로 순종했어요. 드디어 모든 준비를 마친 아브라함이 이삭을 죽이려고 칼을 높이 쳐든 순간! 하나님께서 다급한 목소리로 아브라함을 부르셨어요.

"아브라함아! 아브라함아! 이삭에게 손을 대지 말아라! 네 아들 이삭까지도 아끼지 않는 모습을 통해 네가 나를 얼마나 사랑하고 믿는지 알게 되었다."

하나님은 아브라함의 마음을 확인하시고는 미리 준비해두신 양으로 예배를 받으셨어요. 그리고 아브라함과 이삭, 두 사람은 기쁨의 눈물을 흘리며 하나님께 감사했어요.

여러분, 여러분은 하나님께 항상 감사하며 살고 있나요? 좋은 일이 있을 때 감사하는 것은 그리 어렵지 않아요. 하지만 어렵고 힘든 일이 있을 때에도 원망하거나 불평하지 않고 감사할 수 있을까요?

"감사한 일이 하나도 없는데 어떻게 감사해요?"

"내 마음대로 되는 게 하나도 없고, 늘 짜증만 나는데 어떻게 감사해요?"

그래요. 우리는 우리 안에 있는 죄의 습관 때문에 감사하기보다는 불평하는 것이 더 쉬워요. 또 지금까지 감사하는 연습을 많이 해보지 않았기 때문에 감사하는 방법도 잘 몰라요.

"저 친구는 왜 저래? 선생님은 왜 나한테만 뭐라고 그래?"

"아우, 시시해. 오늘은 왜 이렇게 재미가 없어?"

"엄마는 왜 내 마음을 몰라줘? 아우~ 짜증나!"

이렇게 늘 불평하고 짜증내는 사람은 그것이 습관이 되어서 감사하지 못해요. 욕심 부리고 자기밖에 모르는 사람도 늘 부족하다고 생각해서 감사하지 않죠. 하지만 가만히 생각해보세요. 아브라함이 늘 모든 것이 풍족해서 감사했을까요? 아브라함이 좋은 일이 있을 때만 감사했나요? 그는 자녀가 없을 때도, 어렵고 힘들 때도 하나님께 순종하고 감사했어요. 아브라함은 하나님께서 복을 주시고 지켜주실 것과 함께해 주실 것을 믿었기 때문이에요. 사랑하는 가족을 주신 것, 좋은 친구와 선생님을 만나게 해 주신 것, 마음 편하게 쉴 수 있는 집과 예배드릴 수 있는 교회를 주신 것, 지금까지 건강하게 자라게 하시고 공부할 수 있는 지혜를 주신 것, 무엇보다 우리를 죄에서 구원하여 하나님의 자녀로 삼아주신 것 등등…. 우리가 감사해야 할 것들은 정말 많아요. 그 모든 것들이 여러분을 사랑하시는 하나님이 내려주신 축복이랍니다.

여러분, 날마다 하나님의 은혜에 감사하며 살아가려면 어떻게 해야 할까요? 우선, 하나님이 언제나 우리와 함께하시고 우리를 인도해 주시는 분이라는 것을 믿어야 해요. 그리고 불평, 짜증, 욕심을 줄이고, 내가 가지지 못한 것보다 내가 가지고 있거나 지금 누리고 있는 것들에 대해서 매일 감사하는 연습을 해야 해요. 또 좋은 일이 있을 때뿐 아니라 어렵고 힘들 때, 또는 하나님 말씀에 순종하기 어려울 때에도 믿음으로 감사할 수 있게 해 달라고 기도해야 해요.

사랑하는 여러분, 매일매일 짜증 부리고 투덜거리는 어린이가 되지 말고 아브라함처럼 매일매일 하나님께 감사하며 기쁨으로 살아가는 친구들이 되세요. 또 어떤 상황 속에서도 하나님을 믿고 감사함으로 하나님의 축복을 받고 누리며 살아가는 복된 하나님의 자녀들이 되기를 바랍니다.

결단의 기도

참 좋으신 하나님, 언제나 우리와 함께하시며, 우리를 사랑으로 인도해 주셔서 감사드려요. 좋은 일이 있을 때나 힘든 일이 있을 때나 늘 감사했던 아브라함, 가장 힘들고 어려운 순간에도 하나님을 원망하지 않고, 믿음으로 순종하고 감사했던 아브라함처럼 우리도 매 순간순간 감사하며 살게 해 주세요. 예수님의 이름으로 기도 드립니다. 아멘.

MEMO

큰 기쁨으로 예수님을 맞이해요

말씀 : 누가복음 2장 8~11절

그 지역에 목자들이 밤에 밖에서 자기 양 떼를 지키더니 주의 사자가 곁에 서고
주의 영광이 그들을 두루 비추매 크게 무서워하는지라 천사가 이르되 무서워하지
말라 보라 내가 온 백성에게 미칠 큰 기쁨의 좋은 소식을 너희에게 전하노라
오늘 다윗의 동네에 너희를 위하여 구주가 나셨으니 곧 그리스도 주시니라

아주아주 오래전, 이스라엘의 베들레헴 마을 근처 어느 들판에서 양떼들을 지키며 밤을 지새우고 있던 목자들이 있었어요. 춥고 어두운 들판에는 간간히 들려오는 양들의 울음소리(음메에~~)와 추운 몸을 녹이기 위해 피워 놓은 모닥불 소리(타닥 타닥 타닥…)만이 들려올 뿐 고요하기만 했어요. 바로 그때, 양들을 지키고 있던 목자들에게 누군가 찾아왔어요.

"보라. 내가 온 백성에게 미칠 큰 기쁨의 좋은 소식을 너희에게 전하노라."

"처…천사다!"

눈부시게 빛나는 하얀 옷을 입은 하나님의 천사가 큰 기쁨의 소식을 전하려고 온 거예요. 목자들은 너무 놀라고 두려워서 벌벌 떨었어요.

"오늘 다윗의 동네에 너희를 위하여 구주가 나셨으니 곧 그리스도 주시니라."

여러분! 다윗의 동네 베들레헴에 우리를 위해 구세주가 나셨대요! 그런데 그분이 구세주이신지 어떻게 알아볼 수 있을까요? 바로 천사가 목자들에게 알려 주었어요. 베들레헴으로 가서 강보에 싸여 구유에 뉘어 있는 아기를 보게 될 텐데, 그 아기가 바로 구세주가 되실 분이라고요.(와우!) 갑작스러운 천사의 등장에 아무 말도 못하고 멍하게 있던 목자들은 천사가 떠나고 나서야 정신이 번쩍 들었어요.

"지금 우리가 꿈을 꾸고 있는 건 아니겠지?"

"그럼. 나도 분명히 들었는걸. 우리를 위해 구세주가 나셨대."

"어서 베들레헴으로 가서 우리가 들은 이야기가 사실인지 알아보자."

목자들은 베들레헴으로 부리나케 달려갔어요. 천사가 알려 준 곳에 가 보니 커다란 별이 환하게 비추고 있는 어느 마구간에서 아기 울음소리가 들리는 거예요. 목자들은 천사의 말대로 마구간 구유에 누인 아기 예수님을 만났어요. 그리고 기쁘고 감격스러운 마음으로 아기 예수님께 경배를 드리고, 하나님께 찬송과 영광을 돌린 후 돌아갔답니다.

여러분은 아기 예수님이 태어나신 성탄절을 어떤 마음으로 맞이하고 있나요? 어떤 친구들은 반짝반짝 빛나는 성탄 트리와 신나는 성탄 캐롤만 좋아하고 우리를 위해 오신 예수님에 대해서는 생각하지 않고 성탄절을 보내요. 또 어떤 친구들은 성탄 선물을 받거나 신나게 노는 것에만 관심을 두고, 예수님이 왜 오셨는지에 대해서는 별로 관심이 없어요. 그 친구들은 아기 예수님의 탄생소식이 왜 큰 기쁨의 좋은 소식인지 몰라요. 하지만 반짝반짝 빛나는 성탄 트리, 설레는 마음으로 부르는 성탄 캐롤, 그리고 신나는 성탄 선물, 이 모두가 아기 예수님의 탄생을 기뻐하고 함께 축하하기 위해서 있는 거예요.

사랑하는 여러분, 아기 예수님의 탄생 소식은 목자들에게뿐 아니라 우리와 온 세상 사람들 모두에게 큰 기쁨의 좋은 소식이에요. 왜 그럴까요? 그 이유는 첫째, 예수님이 우리를 구원하러 오셨기 때문이에요. "아들을 낳으리니 이름을 예수라 하라. 이는 그가 자기 백성을 죄에서 구원할 자이심이라 하니라(마태복음 1:21)." 하나님의 아들 예수님은 죄 지은 아담의 후손인 우리 모두를 죄에서 구원하시려고 이 땅에 오셨어요. 두 번째 이유는, 예수님이 우리와 함께하시기 위해 오셨기 때문이에요. 예수님은 이 땅에 사시는 동안 죄인들, 가난하고 병든 자들, 외롭고 연약한 자들과 늘 함께하시며 친구가 되어주셨어요. 세 번째 이유는, 하나님의 약속을 이루셨기 때문이에요. 예수님이 이 땅에 오신 것은 우연한 사건이 아니라 이미 오래 전에 하나님께서 선지자들을 통해 약속하신 일이에요. 그래서 이스라엘 백성들은 수없이 나라를 빼앗기고 어려움을 당하면서도 그 약속을 믿고 기다려 왔고, 약속대로 예수님께서 이 땅에 오신 거예요. 이렇게 예수님의 탄생 소식은 우리 모두에게 가장 큰 기쁨의 좋은 소식이랍니다.

그렇다면 우리는 어떻게 성탄절을 맞이해야 할까요? 아기 예수님을 생각하지 않고, 자기들끼리만 즐거워하고, 선물만 주고 받고, 신나게 노는 성탄절은 아무 의미가 없어요. 우리는 하나님의 약속대로 모든 사람을 구원하시고 모든 사람과 함께하시기 위해 예수님께서 오셨다는 것을 믿고, 기쁨으로 성탄절을 맞이해야 해요. 그리고 천사처럼 우리도 다른 사람들에게 아기 예수님의 탄생 소식을 전하고, 힘들고 어려운 이웃들에게 따뜻한 사랑을 나누어 주어야 해요. 여러분 모두 우리를 구원하시고, 우리와 함께하시기 위해 이 땅에 오신 아기 예수님의 탄생을 기쁨으로 축하하고, 그 기쁨과 축복의 소식을 전하는 친구들이 되기를 바랍니다.

결단의 기도

사랑하는 하나님, 약속하신 대로 우리에게 예수님을 보내주셔서 감사드려요. 우리를 죄에서 구원하고 우리와 함께하시려고 이 땅에 오신 예수님, 감사드려요. 천사가 전해준 소식을 듣고 찾아가 기뻐하며 경배했던 목자들처럼 우리도 예수님의 탄생을 진심으로 기뻐하고 축하하기를 원합니다. 또한 아기 예수님의 탄생을 기쁨으로 맞이하고, 다른 친구들과 어려운 이웃에게 기쁨과 사랑을 나누어주는 성탄절을 보내게 해 주세요. 예수님의 이름으로 기도 드립니다. 아멘.

● 참고말씀: 마태복음 1장 21절

MEMO